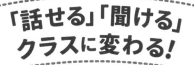

子どもが

「話せる」「聞ける」
クラスに変わる！

学級あそび

東京学芸大学附属
世田谷小学校教諭　沼田　晶弘｜監修

ナツメ社

はじめに

　毎年夏に開催する研修会で、現役の教師たちからリクエストを受けて、学級でできるあそび（ゲーム）を教えています。そこでは実際に教師のみなさんにゲームを体験してもらいながら、ボクが行うファシリテーションの方法もお伝えしています。

　授業時間も限られている中で、時間つぶしにゲームをしようと考える教師はほとんどいないでしょう。学級びらきの時期にクラスの雰囲気をよくしたい、なんとなくギクシャクしている子どもたちにコミュニケーションを促したい……それらの目的には、子どもたちどうしの信頼関係が大きく影響しています。

　この本では、聞くことや話すことを通して信頼関係を深めるゲームを紹介するだけでなく、ボクがゲームをやるうえで考えていること、ゲームの発想を授業の中で活かすことについても伝えています。実際に行うにあたっては、どんな目的に対して、どんな手段が適しているのか、子どもたちが楽しく課題に取り組むしくみがどこにあるのか、そういったことも分析しながら、取り入れてみてほしいです。ゲームを通じて得たファシリテーションの技術は、きっと子どもたちを惹きつける授業展開にもつながっていくと思います。

沼田晶弘

もくじ

PART1　ゲームを成功させる心得

PART2　心を開く・仲良くなれるあそび

PART3　協力する力・話を聞く力を伸ばすあそび

PART4　考える力・話し合う力を伸ばすあそび

PART5　授業で使える！　対話のきっかけを作るあそび

PART6　授業で使える！　論理的思考力がつくあそび

すごーい！

おー!!

本書の使い方

本書は最初から順番に読む必要はありませんが、まず1章を読むと、学級あそびの選び方やその進め方がわかります。日々の学級経営の中で、状況や目的に合わせてぜひ本書をフル活用してください。

Q 学級あそびでクラスがどう変わるのかを知りたい。

A まずは1章から読むことをおすすめします。次に6章を読むと、ボクがどのようにゲームを活用しているかを知ることができます。その後、目的に応じて取り組みやすいゲームから試してみましょう。

Q 今すぐゲームを選びたい。

A あそびのタイトルのすぐ下に、それぞれのゲームの内容を簡単にまとめています。「DATA」には、学年、場所、道具など、ゲームを行うための基本情報が掲載されているので、パラパラめくりながらぴったりくるものを探してみてください。

Q ゲームの組み合わせ方を知りたい。

A 場所や道具だけでなく、「信頼関係」や「教師の体力」を考慮して組み合わせることをおすすめします。特に信頼関係の♥が少ないものから始めて、だんだん増やしていくとうまくいきます。いくつかのゲームを連続して行うメリットは1章でお伝えしているので、読んでみてください。

Q 授業でできるゲームを知りたい。

A 5、6章は教室でできる、授業で取り入れやすいゲームを中心に紹介しています。6章はゲーム名の横に教科名があるので、参考にしてください。2、3、4章はある程度の広さが必要なゲームが多いですが、教室でできるものもあるので、授業のテーマに応じてアレンジするのもひとつの方法です。

Q ぬまっちのクラスの実例を知りたい。

A 6章では「ぬまっちのクラスエピソード」をたくさん紹介しています。そのほかの章でも、「ぬまっちからひとこと」でいろいろな子どもたちの姿を紹介しているので、ぜひじっくり読んでみてください。

あそびのページの見方

● あそびの基本情報
目的や、ねらい、どんなときにおすすめか、対象学年、道具や人数などを一覧で紹介しています。

● 先生の声かけ例
実際にボクがその場でよく言う言葉です。なぜそれを言うのかも解説しています。

● 進め方のコツ
ゲームをスムーズに進めるためだけでなく、より盛り上がるためのコツもたくさん紹介しています。

● ぬまっちからひとこと
ゲームに関するエピソードや、そのゲームのよさなど、ボクが伝えたいことをまとめています。実際に行う際の参考にしてみてください。

● 子どものここに注目！
そのゲームを行うときに、ボクがどんなところを見ているか、注意しているかを解説しています。見方次第で、クラスや子どもの状況がもっとわかるようになります。

PART 1
ゲームを
成功させる心得

限られた時間の中でゲームを取り入れるなら、最大限の効果を
引き出したいものです。まずは何のためにゲームをやるのか、
どんなときにどんなゲームを選ぶとよいのか、
ゲームを盛り上げるためのちょっとしたコツを知っておきましょう。

より効果的にゲームを楽しむために

同じゲームでも、やり方次第で盛り上がり方は変わります。最初から盛り上げる自信がなくても、いくつかのコツを知っておくだけで、子どもたちの反応がぐっとよくなるはずです。

1 ゲームのタイトルはあえて言わずにスタート

本当に楽しいときに「今から○○を始めます」と言って始めますか？　初対面の人ばかりが集まる場なら「今から飲み会を始めます」と乾杯くらいはするでしょうが、くだけた関係の友達が集まったときには、わざわざスタートを宣言しませんよね。

子どもたちの遊びも、なんとなくやり始めたほうが盛り上がるもの。ゲームをやるときもその空気をつくることを心がけたいのです。

「これから『ヘリウムフープ』というゲームをします。では、はじめに６人でひとつのグループを作ってください」と仰々しく説明をされたら、子どもたちから楽しむ雰囲気は出てこないでしょう。できるだけいきなりゲームを始められるように、準備をしてみてください。

2 いきなり準備を始めてみる

　では、タイトルを言わず、どんなふうにいきなりゲームを始めるのか。ボクはいくつかのゲームを組み合わせてやることが多く、よくやるのは、まず最初に『円形つなひき』（P.30）から始めるパターンです。とりあえずザイルを円にしてその場に置きます。すると子どもたちがそのまわりになんとなく集まってくるので、その流れでゲームを始めてしまうのです。カラーコーン（P.28）を並べてみるとか、何人かにぬいぐるみを持たせるとか、まず道具の準備から始めてみると、子どもたちは「これから何が始まるんだろう？」とワクワクします。そのワクワク感をゲームの楽しい雰囲気につなげていきましょう。

3 勝ち負けよりも楽しむ雰囲気づくり

　学級でゲームをやる目的は、勝ち負けを決めることではないですよね。勝った人が喜んで、負けた人がしょんぼりして終わるのならファシリテーション失敗です。正直なところ結果なんてどうでもいい。勝った人も負けた人も楽しめるように持っていきたい。『ヘリウムフープ』（P.90）で、なかなかフラフープが降りないチームは、教師が外から力をかけて降ろしてあげる。ズルして勝とうとしてるチームがいたらギャグっぽく指摘もするし、負けているチームはみんなで応援する雰囲気に持っていく。勝ち負けにフォーカスさせてしまうと、ゲーム終了後まで険悪な雰囲気を引きずって、休み時間にケンカが起きることもあります。

ファイトー

負けるな！

ゲームの選び方で
盛り上がりが決まる！

学級でゲームをやるうえで、適切なゲームを選ぶことはとても重要なポイントです。ここではゲームを選ぶときに何を基準にするといいのか、どこに注意するのかをお伝えします。

1 ゲームをやる人の親密度は 最も気を遣うところ

　ゲームを選ぶときに、最も気にかけてほしいのは、ゲームをやる人たちがどのくらい親しい間柄かということです。学級びらきの時期に、ほぼ初対面どうしのメンバーでいきなり手を握るようなゲームをやるのは大失敗です。大人だって同じですよね？　初対面のよく知らない人たちが集まる場で、いきなり「隣の人と手をつないでください」と言われても抵抗があるのが当然です。

　また、研修会でよくありますが、講義の合間に「ここまで聞いたことの感想を、隣の人と話し合ってみてください」と言われるのも、たいして会話が弾まず、気まずい時間だけが流れるものです。それなのに、子どもたちに対しては、席替えをした直後に、隣の人と自己紹介をしあう『自己紹介ゲーム』なんてさせていませんか？　人間、会ったばかりの人と触れ合ったり、話し合ったりするのは簡単にできるものではないんです。

　そこで、この本で紹介するゲームは「信頼関係レベル」に分けるとともに、それ

それのゲームに指標をつけています。♥は、ほぼ初対面の状態や、まだクラス内の人間関係ができていない時期にやるもの。♥♥は、もう少し交流が進んで、その場にいる全員の顔と名前が一致するような状態でやるもの。♥♥♥は、ある程度クラスの人間関係ができてきているが、もっと男女の交流を活発にしたい、今とは別の友達との仲も深めてほしいなど、さらに上の課題に取り組みたいときにやるもの。というイメージです。

2 ゲームを組み合わせることで、親密度はアップできる

　ゲームをやるときには、いくつかのゲームを組み合わせてやることをおすすめします。最初は手をつないだり、触れ合ったりするのは気まずく感じる関係でも、ゲームを楽しんでいるうちにお互い開放的な気持ちになって、体に触れ合うことに抵抗がなくなっていくからです。ボクの場合は、まずウォーミングアップ的なゲームから始めて、少しずつ動きが激しくなったり、触れ合う面積が大きくなったりするように組み合わせています。ボクがよくやっているゲームの組み合わせを紹介します。

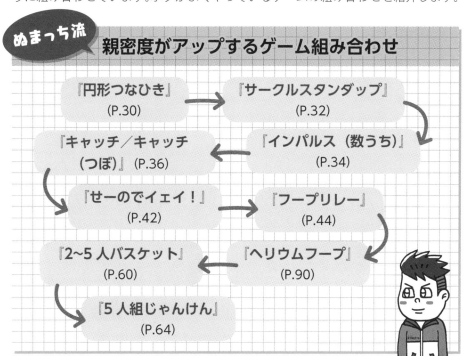

ぬまっち流 **親密度がアップするゲーム組み合わせ**

『円形つなひき』(P.30) → 『サークルスタンダップ』(P.32)

『キャッチ／キャッチ(つぼ)』(P.36) ← 『インパルス (数うち)』(P.34)

『せーのでイェイ！』(P.42) → 『フープリレー』(P.44)

『2〜5人バスケット』(P.60) ← 『ヘリウムフープ』(P.90)

『5人組じゃんけん』(P.64)

まず最初は『**円形つなひき**』。これなら誰かと協力するわけでなく、個人で参加できます。『**サークルスタンダップ**』、『**インパルス（数うち）**』で全員と協力したり、話し合ったりすることを軽く体験。その次は『**キャッチ／キャッチ（つぼ）**』で指1本から触れ合って、『**ヘリウムフープ**』ではチーム一丸となって考えて、話し合う。そこから『**2～5人バスケット**』に進むと、自然とチームになった子どうしで手をつないでいるはずですよ。

ゲームの組み合わせミスでこんな悲劇が‼

どんなに楽しいゲームも、行う順番やタイミングを間違えると大変な悲劇を起こすという例をお伝えしたいと思います。

『ルックアップ』（P.40）というゲームがありますが、以前このゲームを、ほぼ初対面の人が集まる研修会の序盤でやってしまった先生がいました。し

かもその先生は、目が合った人とハイタッチするというルールを、目が合った人とハグするというさらにハードルの高いルールにしていました（笑）。

その結果、何が起きたかというと、女性は女性どうしでしか目を合わせず、一生懸命女性を見ている男性は一度もハグできずに終わるという……。

ゲームが得意な先生ほど、ハードルの高いゲームを突然やろうとしてしまう傾向があるので気をつけてください！

ヨ 教師にとっても無理のないゲーム選びを

　子どもにとっても教師にとっても、ゲームをやることのメリットはたくさんあります。だからといって教師に負荷がかかりすぎている状態で、無理をしてゲームをやるのは意味がないと思います。

　例えば教師が、さまざまな業務に追われて多忙なときに、準備や進行などで教師のかかわりが大きいゲームをやると、それがどれだけそのときのクラスに必要なゲームだとしても盛り上がりが半減してしまいます。

　ゲーム選びの指標として「教師の体力」を３段階でつけていますので、そこも参考に選んでみてください。疲れているときは、教師があまりかかわらず、子どもたちがメインで進んでいくようなゲームをやるのもひとつの手です。

　『そうめん流し』（P.106）のように道具の準備に手間や時間はかかるものの、一度始めてしまえば教師は見ているだけでいいゲームもあれば、逆に準備は簡単なのにファシリテーション次第で盛り上がり方が変わるゲームもあります。教師自身のコンディションに合うゲームを選ぶことも心がけてください。

ゲームが子どもたちを成長させる

ゲームは単なるレクリエーションだと思ってはいませんか？　ゲームをうまく活用すれば、クラスで今起きている問題を解消させること、子どもたちを成長させることもできます。

1 「場と理由」からコミュニケーションが促進される

　人と人との親密度を上げるにはコミュニケーションが必要です。ではどうしたらコミュニケーションが生まれるのか。答えは「場と理由」をつくることです。

　電車で隣に座った人といきなり「コミュニケーションしてください」と言われても、すぐにできる人はいませんよね。それは電車で隣に座っただけではコミュニケーションをとる「場」づくりもできないし、会話をする「理由」も生まれないからです。

　ゲームを一緒にするということは、「ゲームを行う」「ゲームに参加する」という共通の「場」をつくります。さらに『ヘリウムフープ』（P.90）のように同じチームになった人と話し合って進めないと課題を解決できないゲームでは、「どうしたらフラフープが床につくか？」というテーマで同じチームになった人と話す「理由」が生まれます。

　つまり、コミュニケーションスキルが高い人とは、「場と理由」をつくるのが

うまい人だとボクは考えます。コミュニケーションスキルが高い人は、「同じ電車に乗っていること」もコミュニケーションが発生する「場」と考え、隣の人に「この電車は○○駅に止まりますか？」と質問して、話す「理由」もつくってしまうかもしれません。

　でも、それができるのは、ほんのひと握りの人だけ。だからクラス全員が参加できるゲームを行うことが、コミュニケーションの「場と理由」を生み出し、子どもどうしのコミュニケーションを深めていくことにつながるのです。

女性は会話の「場」と「理由」づくりが上手な人が多い？

　個人差はありますが、男女で比較すると女性のほうがコミュニケーションスキルが高いと言われていますよね。お母さんたちを見てください。スーパーですれ違っただけであっという間に場がつくられて会話が盛り上がっています！　男性どうしではこうはいきません。「あ、どうも」「どうも」と1分もかからずに別れてしまう。

　電話にしても女性どうしだと、「もしもし─？」「どうしたの？」「なんでもないんだけどさ」と自然に会話が始まります。ところが、男性が男友達に「理由はないんだけど電話してみた」なんて言ったら、「何か悩みを抱えてるのかな……？」と心配されるでしょう（笑）。

　「飲み行こうよ！」と連絡をしたときにも、女性は「いいね！」とか「いつにする？」と返事がくるのに、男性は「何かあったの!?」と聞いてくる。男性で、理由がないのに人に電話したり飲みに行ったりする人は珍しいのではないでしょうか。いわゆる"飲みニケーション"がいいか悪いかは別として、男性にとっては「打ち上げ」「送別会」「忘年会」などの名目のある飲み会を設定することが、2時間程度一緒に過ごす「理由」にはなっているのでしょう。

2 クラスみんなが仲良くなる

　クラス内が決して悪い雰囲気ではないものの、よく見るとまだ男子と女子に距離感を感じることがあります。接触のあるゲームをやると、男子どうし、女子どうしで固まってしまうような状態です。別にいじめが起きているわけではないですし、そのままでも学級経営に大きな問題はないのでしょうが、せっかくなら男子女子関係なく仲良くできたほうが絶対にクラスは楽しくなります。そんなときに男女の距離を近づけてくれるのが、ゲームです。

　もちろんいきなり手をつないだりするようなゲームをやるのではなく、最初は接触がないゲームから始めて、少しずつチーム内で協力が必要なものや、触れ合う面積が多くなるゲームに進んでいきましょう。ゲームを通じてそれまで接点がなかった子たちが、相手を知って、お互いに触れ合えるようになり、信頼関係を築いておけば、クラス内で何か問題が起きても、子どもたちの協力で乗り越える力が備わっていくはずです。

　学生時代、体育祭や文化祭など行事を通じてクラスの一体感が高まった思い出はないでしょうか。これは「行事を成功させる」という課題に対して、主体的に取り組んで達成したことが一体感のもとになっているのです。ですが、大きな行事は年に数えるほどしかありません。これを待たずに子どもたちに「課題を解決した」と実感させて、クラスの一体感を高めるのがゲームなのです。
　ボクの場合は、既存のゲームではなく、日常の学校生活の中で課題が見つかった

ときに、それをゲーム化して取り組んでいますが、それが難しい場合は4章で紹介しているようなゲームを行うことが、課題解決の経験になっていきます。

ヨ 隠れた人間関係が見えてくる

ゲームをやることでわかってくるのは、普段の授業中では教師が気づけていなかったクラス内の人間関係です。例えば『せーのでイェイ！』(P.42)で3回連続座って泣いているポーズの子がいたら、よほど運が悪いかみんなから避けられているということ。『GOで仲間づくり』(P.63)でいつも同じ子ばかりが仲間に入れないのも要注意。みんなから避けられている子、仲間に入れない子がわかってきたら、その後気をつけて見てあげたほうがいいでしょう。

ただ、自分ひとりでゲームの準備や進行、子どもたちのサポートもやりながら、人間関係にまで目を配るのは、ゲームに慣れるまではなかなか難しいものです。そういうときは、誰かほかの大人にゲームの進行はお願いをして、自分は子どもたちの動きを見ることに集中する方法がおすすめです。

4 授業に入りやすい雰囲気をつくる

ゲームをうまく使うと、子どもたちの雰囲気を短時間で変えることができます。朝、子どもたちがなんだかザワザワして落ち着かず、授業に入りにくいときに「静かにしなさい」「先生の話を聞いて」と注意しても、時間がかかって自分も疲れるうえに、なかなか雰囲気は変わりません。それよりも『30秒ゲーム』（P.110）をやると、自然と子どもたちの気持ちが落ち着いていくものです。

逆に、今日はなんだかみんなぼんやりして眠そうだなあと感じるときにも、授業の最初に軽くゲームをやると、一気に集中力が高まります。

何度も先生に注意されるよりも、ゲームで気持ちを切りかえるほうが、子どもたちも気分がいいでしょう。「うちのクラスはこれをやると雰囲気が変わる」という子どもたちに合ったゲームを見つけていってください。

5 授業では見えない長所が見つかる

どんな子にも、得意なことやいいところがあります。それを見つけるのが教師の仕事だと思いますが、担任として毎日接していても見つけづらい子がいます。そんなときに役立つのがゲームなんです。

これといって得意科目がない子が、特定のゲームではものすごい才能を発揮するかもしれない。授業では積極的に手をあげない子が、ゲームになると素晴らしいア

イデアを提案するかもしれない。もし、そんな今まで気づかなかった長所を見つけたときは、大いにほめてあげてください。

　たかがゲームと思うかもしれませんが、ひとつでも「自分はこれでは負けない」と思うものができた子は、ほかのことでも伸びていきます。

よく食べるキャラから、"おかわりエース"に！

　ボクのクラスでは、給食で残飯をゼロにして戻すことを目標にしています。少食な子にも無理矢理食べさせているわけではなく、食べられない子は最初から少なめに盛りつけて、たくさん食べられる子がその分をカバーするようにしています。そうすると、たくさん食べられる子はクラスを救うヒーローになるんです。

　以前担任をしていたクラスでもそんな男の子、Aくんがいました。ボクが食缶をのぞいて「まだおかずが残ってるよ」と言うとAくんは立ち上がっておかわりに来てくれる。それをクラスみんなが応援します。

　いつしか、それまで単なる大食いキャラだったのが、"おかわりエース"となったのです。"おかわりエース"として活躍するようになって自信がついたAくんは、漢字テストの成績もアップしました。

ゲームを活用すれば
学級経営が変わる

ゲームを活用できるようになると、学級経営にもプラスに働くことがたくさんあります。ただ楽しい時間を過ごすだけではない、ボク自身が感じているゲームの効用をお伝えします。

1 授業をゲーム化すると、子どもたちの学びが主体的になる

　ボクが今、どんなときにゲームを使っているかというと、実は既存のゲームをやることはほとんどなくなりました。なぜなら、普段の授業の中でゲーム的な活動ができているからです。

　6章で紹介しているのは、ボクが実際に授業の中で行っているゲーム的な活動の例です。現在の初等中等教育の現場では「主体的・対話的で深い学び」が求められています。では、子どもたちにどうしたら「主体的・対話的で深い学び」をさせられるのか。それは子どもが「楽しい！」と思えるかどうかです。

　教師や親に「やれ」と言われたからやる"やらされ感"を持っていては絶対に「主体的」な学びにはならないでしょう。だから授業でも、普段の生活でも、課題に楽しく取り組める方法を考えてみるのです。

　例えば、小学4年生の国語で、新聞記事を書く単元があります。でも、いきなり「新聞記事を書け」と言っても子どもたち一人ひとりに記事に書くほどのニュースがあるとは思えない。そこでニュースを作り出すところから一緒にやることにしたのが『記者会見』（P.148）です。毎週ボクが記者会見を開いて、それを取材して全員に記事を書いてもらいます。これも新聞記事がどのようにできるかを学ぶ授業のゲーム化です。

　また、小学2年生でやるかけ算・九九の暗記をゲーム化したのが『U2』（P.134）。これはボク自身が楽しくやりたいという発想から生まれたもの。だって、子ども一人ひとりに九九を暗唱させて、それをボクが聞くことで確認していたら、クラ

ス 40 人分、最低でも 360 回は聞かないといけなくなる。ミスする子もいると考えると 700 回は超えるだろうし、時間にしたらトータル 6 時間以上は自分ひとりで九九を聞かなきゃいけないんです。絶対に大変でしょ？　だったら子どもたち自身が自分でマス目を埋めて、タイムトライアルする形にしたら、教師もラクだし子どもも楽しい。楽しいから自然と繰り返しやりたくなるので、気がつくと計算力も身についていく。計算カードを使って暗唱させていたら、こうはいかなかったでしょう。

　授業をゲーム化するにあたって、外発的動機づけになるようなごほうび、報酬があってもボクはいいと思っています。ボクがよくやるのはライセンス制度。『U2』で規定のタイムを切った子にはライセンスカードが、気になることを自分で調べてきた子は「SLA（セルフラーニングアドバイザー）」というライセンスがもらえるようにしています。

　ライセンスは親へのプレゼン次第では、焼き肉チケットになるかもしれない(笑)。実は保護者の方にも、子どもがライセンスをもらってきたら、家族で食べに行く焼き肉を「あなたががんばった記念」にしてほしいとお願いしています。

　子どもたちにとっても、最初のうちはライセンスや焼き肉がモチベーションになりますが、そのうち内発的動機に変わっていけばいい。キャンプで炭に火をつけるのも、いきなりライターで炭に火をつけようとしたらヤケドするじゃないですか。最初は新聞紙に火をつけて、炭に火を移していくほうがラクだし火がつくのも早い。この新聞紙が外発的動機づけということなんです。

　新聞紙がすぐに燃え尽きてしまうように、ライセンスもひととおり獲得すると、子どもたちは飽きてしまいます。それまでに本人が進んでやり続けられるようなしくみをつくっておくことが重要です。

2 授業だけでは見えてこない 子どもの変化がわかる

　ボクは毎日あいさつ代わりに、子どもたちと『ハイタッチ』をしています。帰りの会のあとも、ボクが教室のドアのところに立って、全員がボクとハイタッチしてから帰っていく。これもひとつのゲームみたいなものです。

　たったそれだけのことなのですが、毎日やっていると、手と手を合わせるときの勢いの良さだったり、そのときの表情だったりで、子どもたちの気持ちの変化がわかります。おかしいなと思った子には、声をかけて話を聞くようにしています。

　同じようにゲームに夢中になっているときの発言や行動をよく観察していると、いつもは元気のいい子がなんだか乗り気でなかったり、やけにイライラしていたり、授業中には気づかないような変化が見られることもあるでしょう。

　子どもたちの素の顔が見えるのがゲームのすごいところなんです。そうして小さな変化を察知して、フォローしていくことで、子どもたちと教師の信頼関係も築かれていきます。

3 クラスの課題から オリジナルゲームが作れる

ボクは授業だけでなく、普段の生活の中でも課題が見つかると、ゲーム化して子どもたちに取り組ませています。

ボクのなにげない「昨日さんまを食べた」という話から「子どもたちが魚をきれいに食べられない」という課題が結びついて生まれたのが『SPHF（さんまパーフェクト骨抜きフェス）』（P.165）。ほかにも、クラスで失くしものをした子が出たときは『なくしもの捜索』（P.166）という形で、子どもたちみんなが刑事になって探すとか、どんなことでもゲームにしようと思えばできる。

クラス内で「これは困ったぞ」ということが起きたときはチャンスです。教室の中で現実として起きたことをそのままゲームにして解決することができたら、その部分は授業ではやらなくてもよくなるわけですから。

ただ、現実で起きた事件をゲーム化するというのは、いきなり誰でもできることではなく、発想力やセンスが試されます。

ゲーム化しやすい事件が起きるのを待っている間に一年が終わってしまうこともありえるので、まずは既存のゲームやボクが教室で行っているゲーム的な活動を参考にして、教師自身がゲーム的な発想を学んでもらえたらと思います。それを繰り返すうちに、自分にしかできないオリジナルゲームを生み出していけるのではないでしょうか。

4 子どもたちを盛り上げるのも教師次第

　準備を整えておけば、あとは子どもたちが自走していくようなゲームなら別ですが、基本的にゲームが盛り上がるかどうか、そしてゲームを経て子どもたちが育っていくかどうかは、教師の盛り上げ力にかかっています。

　まず何より大事なことは、教師自身が大いに楽しむこと。おもしろいことをする子がいたら、きっちり拾って反応します。成功したら誰よりも喜びます。そのためには、教師が「楽しくない」と思うことはやらないこと。ボクは教育実習生が考えた授業を聞いたあとに、必ず「それ、自分が教えていて楽しい?」と質問します。

　自分が「おもしろくないなあ」と思いながらやっているものを、子どもたちが楽しめるはずがない。この本からゲームを選ぶにも、新しくゲームを作っていくにも、まずは自分自身が楽しくできそうかを考えてみることは、ひとつの基準になると思います。

　もうひとつ、子どもたちを惹きつけて、ゲームを盛り上げるカギになるのが、"本物"を使うということ。大人だって模造品ではどこかテンションがあがりません。子どもだって同じです。普段"本物"と出会う機会が少ない子どもならなおさら、"本物"を使うことがモチベーションを上げるきっかけになります。

あーだこーだあーだ

　以前、卒業遠足として全員で帝国ホテルに食事に行ったクラスがありました。しかも、そこからさらに追加案が出て、リムジンで送り迎えしてもらうことに。では、そのお金はどうしたのかというと、クラス全員で作文コンクールなど賞金がもらえるコンクールや懸賞に応募しまくったのです。

それも、やみくもに応募するのではなく、リサーチ担当の子たちがどんな人が審査員をしているのか、どんな傾向のものが選ばれやすいかを調べて、それに合わせた作品を応募していました。その結果、本当に子どもたちが獲得した賞金によって目標金額を達成できたのです。

なお、「帝国ホテルで食事をする」というのも、ボクも案は出しましたが、クラス内で話し合って決めたのは子どもたち。そして、そのお金をどう集めるかのアイデアを出したのも、リサーチチームを作ってコンクールの情報を集めたのも子どもたちです。小学生が自分たちの力で、本物のお金を稼いで、本物のリムジンに乗って、本物の老舗高級ホテルで食事をすることが、子どもたちにとって魅力的だったからこそ、主体的に取り組むことができたのだと思います。

ゲームに使う小道具も同じで、なるべくリアルなものを使います。『U2』（P.134）や『記者会見』（P.148）でも本物のマイクを使っています。そこをチープなつくりものにしてしまうと、気分が出なくて盛り上がりに欠けてしまいます。子どもが楽しく主体的に学んでくれるなら、決して無駄な出費ではないとボクは考えています。

ゲームに使える便利な道具

ボクがこの本で紹介しているゲームを行う際に使っている道具です。ほとんどのものは簡単に手に入るものを使っているので、ほかのゲームや特活の際にも活用できるかもしれません。

ザイル

『円形つなひき』(P.30)、『サークルスタンダップ』(P.32) で使います。伸縮性があって、クラス全員30人が力いっぱい引っ張っても切れないものと考えた結果、登山用のザイルなら条件が合うことがわかりました。**間違ってもなわとびなどで代用しないでください！**

フラフープ

『フープリレー』(P.44)、『目玉焼き／目玉焼きリレー』(P.84)、『ヘリウムフープ』(P.90) などいろいろなゲームで使えるフラフープ。100円ショップで売っているものだと、パーツを分けて保管できるので、保管場所も取りませんし、持ち運びも便利です。

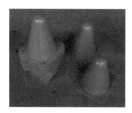

カラーコーン

よく路上で見かける大人の腰くらいの高さがあるものではなく、高さ15cm程度の小さいサイズのものでも十分です。意外と100円ショップで買えてしまいます。四隅に置けば、おにごっこなどで使うコートができあがりますし、2つ使うとスタートやゴールのラインに。

ボール各種

この本では『そうめん流し』(P.106) で使っています。ボクはスーパーボール、ピンポン玉、ビー玉などを持っていますが、できるだけ重さや形がバラバラなものを集めておくのをおすすめします。

風船

100円ショップで買えます。長く保管していると割れやすくなるので注意です。

ぬいぐるみ

この本では『ならびっこ』(P.68)、『ホスピタルタグ』(P.72)で使っています。子どもの手のひらに収まるくらいの小さいサイズでいいです。『ならびっこ』に使うものは手足があるぬいぐるみのほうがおもしろい形になります。

PART 2
心を開く・
仲良くなれる
あそび

初対面の子が集まり、まだお互いのことを探り合っているとき、
ゲームを楽しむことを通じて、心理的な距離を近づけられます。
ルールもわかりやすいものをメインに紹介しているので、
教師が少しフォローするだけで楽しむことができるでしょう。

円形つなひき

▶ 円形のザイルを引っぱり合う、全員対抗のつなひき。

ねらい

手元のザイルを引っぱられると、自分も条件反射的につい引っぱり返してしまうため、最初に勢いよく引っぱる子がいれば、全員が自然に参加してしまう。「今日はここまで自分を出していいんだ！」と思わせ、羞恥心を解除させるのが目的。

こんなときにおすすめ

✔ 初対面に近い人たちが集まるとき
✔ 全員がまだゲームをやるモードになっていないとき
✔ 自然な流れでゲームに引き込みたいとき

DATA

信頼関係 ♥♥♥
教師の体力 ★★★
対象学年 低 **中** 高
場所 教室、体育館など
道具 ザイル
人数 5人～30人
時間 1分くらい

あそび方

1 あらかじめ円形に結んだザイルを床に置いておく。

進め方のコツ

ゲームのタイトルどころか「ゲームをやる」とも言わず、子どもたちが興味を持ってザイルのまわりに集まってきたらゲーム開始。

もやい結びを利用した円形つなひきの結び方

1. 輪をつくる

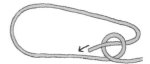

2. ロープの先端を輪の中に通す

3. ロープの先端を矢印のように輪に通して、結び目を締める

4. 3のもやい結びでできた輪に、反対側のロープの先端を通してから、もやい結びをする

2 ザイルの周囲に子どもたち
が並んだら、ザイルを握る
ように指示する。ザイルの
結び目は教師が持つ。

ちょっとザイルに
さわってみて

ザイルに触らず、様子を見ている子がい
たら声をかけてください。全員がさわっ
たのを確認したら、いきなり「そのまま
ザイルを引っぱって背中が壁についた人
が勝ちです！　はい、スタート！」と始
めます。

3 教師の合図でつなひきを
スタート。力いっぱい引っ
ぱることで羞恥心が解除
されてきたら、ストップ
をかける。

うわー！

もっと引っぱれー！

進め方のコツ

子どもたちの羞恥心を解除さ
せるため、教師も自らつなひ
きに参加！　率先して大声を
出して引っぱりましょう。

ぬまっちからひとこと

子どもたちが本気で引っぱりあうとかなり力がかかるので、**必ず丈夫な
ザイルを使ってください**。また、引っぱりあっている最中に結び目がほ
どけるのも大ケガにつながるため、**このページで紹介している方法など、
絶対にほどけない結び方で円形に！**　誰が勝つことが重要ではないた
め、ある程度引っぱりあいが盛り上がってきたら、終わって次のゲーム
にいきましょう。

サークルスタンダップ

▶ 全員が円形に結ばれたザイルを握った状態で座り、両足を床につけたまま立ち上がる。

ねらい

『円形つなひき』（P.30）は全員対抗だが、『サークルスタンダップ』は全員がひとつの目的に向かって協力するゲーム。ほかの人と手をつなぐなどの接触がないので、初対面どうしでも気まずい気持ちにならずに協力した感覚が持てる。

こんなときにおすすめ

✔ 『円形つなひき』からの流れで行うと自然
✔ ほぼ初対面のメンバーが集まるとき
✔ いくつかのゲームをつなげるときの導入段階で

DATA

信頼関係 ♥♥♥
教師の体力 ★★★
対象学年 低 中 高
場所 教室、体育館など
道具 ザイル
人数 5人～30人
時間 5分くらい

あそび方

1 円形に結ばれたザイルのまわりに全員が座り、ザイルを握る。

進め方のコツ

『円形つなひき』同様、丈夫なザイルを使用し、力をかけてもほどけない結び方で結んでおきましょう。

2

両足は必ず床につけたまま、合図に合わせて全員で一斉に立ち上がる。

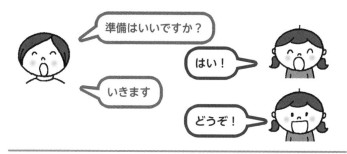

準備はいいですか？

はい！

いきます

どうぞ！

全員の気持ちが集中して、タイミングを合わせないと成功しづらいので、スタート前の声かけは2回。教師の「準備はいいですか？」に子どもたちが「はい！」と返し、「いきます！」のかけ声に「どうぞ！」と返事が返ってきたら「せーの！」と合図を。

＼せーの！／

ぬまっちからひとこと

両足を固定した状態で立ち上がるのは、ちょっとコツが必要。全員が成功するまで何度か繰り返してやってみてください。1回めで成功してしまうのもつまらないので、教師も参加してわざと失敗して笑いを取ったり、立ち上がる見本を見せたり、流れをつくりましょう。「こう立ち上がるといいよ」とアドバイスをする子が出てきたら最高です。

PART2　心を開く・仲良くなれるあそび

インパルス（数うち）

▶ 円になり、隣の人が手をたたいたら自分もたたき、ウェーブの要領で拍手を1周回す。

ねらい

「できるだけ速く拍手を1周させる」という課題を、全員でアイデアを出し合って解決する達成感が味わえる。今、拍手がどこまで回っているか目と耳で確認しようとするので、集中力も高めることができる。

こんなときにおすすめ

✔ 全員での課題達成からチームワークを高めたいとき
✔ 課題達成の成功体験を積みたいとき
✔ 集中力を高めたいとき

DATA

信頼関係 ♥♥♥
教師の体力 ★★★
対象学年 低 中 高
場所 どこでも
道具 ストップウォッチ
人数 10人～
時間 5分

あそび方

1 全員が内側を向いて円になる。最初に手をたたく人を決める。

進め方のコツ

教師はストップウォッチを用意して、1周する時間をカウント。クラス全員でやるなら、最初は1周で2秒切ることを目標にしましょう。

2 最初の人が手をたたいたら、右隣の人が手をたたく。それを確認した右隣の人がまたたたき、拍手を順にできるだけ速く1周させる。

パチン
111

3 1周する時間が縮まるように、何度か挑戦してみる。

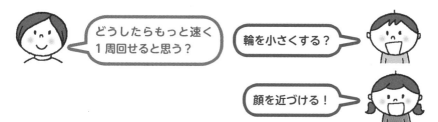

どうしたらもっと速く1周回せると思う？

輪を小さくする？

顔を近づける！

実は左隣の人が手をたたくのを聞いてからたたいてもタイムは縮まりません。3人前がたたいたら手をたたくようにするとぐっと速くなる。5人前、7人前と変えていくとさらにタイムに変化が。子どもたちの意見も聞きながら、教師からも助言を。

4 今度は拍手が1周する前に、もう1発拍手を回してみる。一度に何発まで回せるか挑戦してみる。

パチン
パチン
パチン

子どもの ここに 注目！

回す拍手の数を増やしていくと、何発かは途中で消えてしまうことがあります。そんなときは「あれ？　1発消えちゃったよ」とツッコミを。少しずつ課題を難しくして、集中が途切れてしまう子がいないか目配りを。

ぬまっちからひとこと

回す拍手の数を増やしたり、1発を2周回したりと、難易度を上げることで楽しめるゲームです。**工夫次第でタイムが縮まるという結果がすぐ出る**のもこのゲームのいいところですね。ボクの実体験では、1年生34人でも1秒で回すことができました。そういう実際のエピソードを話すと「自分たちにもできる！」と、子どもたちのやる気が高まります。

キャッチ／キャッチ（つぼ）

▶ 「キャッチ」の声に合わせて、隣の人が自分の手のひらにのせている指を捕まえる。

ねらい
「キャッチ」と言う言葉を聞き逃さないために、教師の話を集中して聞く体勢が自然にできていく。また「捕まえる」という目的のために、あまり意識せずに隣の人の指をつかむという接触もできる。

こんなときにおすすめ
✔ 集中して話を聞いてもらいたい場面で
✔ まだあまり打ち解けていない雰囲気のとき
✔ 少しずつ接触のあるゲームをやりたいとき

DATA

信頼関係 ♥♥♥
教師の体力 ★★★
対象学年 低 中 高
場所 どこでも
道具 なし
人数 5人〜
時間 5分〜

あそび方

〔キャッチ〕

1 全員が円になって内側を向く。隣の人とは手をつなげるくらいの距離に近づく。

2 左手の手のひらを肩の高さあたりで上向けて広げる。右手の人差し指を立てて、指先を右隣の人が広げた手のひらの中央に乗せる。

右手の人差し指を立てる

右隣の人の手のひらに乗せる

3 教師が「キャッチ」と言ったら、左手で隣の人の人差し指を捕まえる。
同時に右手の人差し指が捕まらないように、上に逃げる。

キャ…キャ…キャ
…キャット！

このゲームは『キャッチ』と
いう名前で…

捕まえられた　　　逃げられた

「いつ"キャッチ"って言うかな?」と
子どもたちをワクワクさせながら、教
師の声に集中させることがこのゲー
ムの盛り上がりのカギに。「キャット」
「キャベツ」などでフェイントをかけた
り、さりげなく「キャッチ」という言葉
を交えながら淡々とルール説明をし
たり、子どもたちが楽しみながら集中
して聞く姿勢をつくります。

4 人差し指をキャッチされた
人は円の内側に集まって、
外側の円と同じように円を
つくってゲームを続ける。
隣の人の人差し指キャッチ
に成功した人は、外側の円
に戻る。

進め方のコツ

内側の円から外側の円に戻る
ときは、好きな位置に戻って
いいことにします。内側の円
から人が出たり入ったりする
ことで、少しずつ隣にいる人
が変わり、いろいろな人と接
触する機会がつくれます。

〔キャッチ（つぼ）〕

5 全員が慣れてきたら、左手の形を軽く握ったつぼ型に変える。右手の人差し指を、隣の人が左手でつくったつぼに入れる。

進め方のコツ

難易度が上がると同時に、さらに接触する面積を増やします。

6 教師が「キャッチ」と言ったら、左手を握って隣の人の人差し指を捕まえる。同時に右の人差し指が捕まらないように、上に逃げる。

子どものここに注目！

人差し指を握られた子は、一見負けているように思えますが、実は「人差し指を握ってもらった幸せな人」なんです。内側の円に入った子がいじけてしまったり、くやしがったりしているときは、そんなフォローの声も。

難しい！

ぬまっちからひとこと

子どもの「聞く姿勢を育てる」方法として、姿勢をよくする、相手の目を見るなど子ども側に変化を求めますが、それよりも **「聞きたくなる体勢をつくる」ことが大切です。** このゲームはまさに自然と聞く姿勢を育てるものです。普通の会話の中にさりげなく「キャッチ」を織り交ぜるのはボクが編み出した得意技ですが（笑）、一度挑戦してみてください。

3秒移動

▶ 3秒カウントをしている間であれば、今いる位置から好きな位置に移動することができる。

DATA

信頼関係 ♥♥♥
教師の体力 ★★★
対象学年 低 中 高
場所 どこでも
道具 なし
人数 10人〜
時間 10秒

ねらい

同じような体勢で行うゲームが続いたときに、周囲の人が入れ替わることで、また新鮮な気持ちでゲームを行うことができる。子ども自身が好きな位置を選んで移動できるので、主体的にゲームに参加できる。

こんなときにおすすめ

✔ 移動がないゲームがいくつか続いたとき
✔ ゲームとゲームのインターバルとして
✔ 集中力が切れてきた子がいるとき

あそび方

1 教師が「1、2、3」とカウントしている間に、好きな位置に移動する。

今から3秒数える間なら、好きな位置に移動していいよ！　いきます！

あまり細かいルールは説明せずに、唐突に始めたほうが、子どもも瞬間的に思いついた位置に移動するので、おもしろいです。

ぬまっちからひとこと

ゲームとゲームのつなぎとして、ひとつのゲームを長く続けているときに取り入れるものです。特に女の子は仲のいいグループで固まりがちですが、それではいろいろな友達と仲良くなるゲームの意味がありません！　盛り上がった雰囲気に合わせて、教師が違う位置に移動させてしまうのもアリでしょう。

ルックアップ

▶ 合図とともに目線を下向きから上にあげて、目が合った相手とハイタッチをする。

ねらい

何気なく目線を送ったとしても、誰かと目が合うとうれしくなるもの。ハイタッチをすることで親密度も上がる。

こんなときにおすすめ

✔ 親密度をより高めたいとき
✔ 少しずつ接触のあるゲームも取り入れたいとき

DATA

信頼関係 ♥♥♥
教師の体力 ★★☆
対象学年 低 **中** **高**
場所 どこでも
道具 なし
人数 10人〜
時間 5分〜

あそび方

1 全員でひとつの円になり、内側を向く。

2 全員がほかの人の顔が見えないように下を向く。教師が「ルック、ルック、ルック……」と言っている間は下を向き続ける。

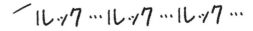
ルック…ルック…ルック…

先生が"アップ！"と言うまで下を向いていてね。"アップ！"と言ったら顔を上げて、必ず誰かの目を見るよ

下を向いている間に、誰の目を見るか決めている子もいれば、何も考えず顔を上げたとき反対側にいる人の目を見る子もいるでしょう。「必ず誰かの目を見る」ことだけ守ればOKです。

教師が「アップ！」と言ったら顔を上げて、必ず誰かの目を見る。顔を見た人も
こちらを見ていて目が合ったら、円の中央に出てハイタッチをする。

目が合ったらハイタッチ！

ぬまっちからひとこと

ゲームをいくつかやって場があたたまった状態か、もともと親密度が高
い集団でやらないと盛り下がってしまうゲームです。そうでない状態で
やると、特に女の子は決まった仲良しどうしとだけ、ずっとハイタッチ
をしていることに。高学年の場合は、誰が誰のことを好きかなど、**クラ
ス内の思わぬ人間関係も見えてくるかもしれません。**

せーのでイェイ！

▶ 教師の合図で右、左どちらかに体の方向を変え、隣の人と向き合えたらハイタッチする。

ねらい

「せーの」で体の向きを変えるだけなので、1/2の確率で隣の人と向きが合い、うれしい気持ちになる。両隣とも反対側を向かれて、ずっとしゃがんでいる子がいないかを確認して。

こんなときにおすすめ

✔ クラス内の人間関係をチェックしたいとき
✔ 気軽に手と手で触れる体験をさせたいとき

DATA

信頼関係 ♥♥♡

教師の体力 ★★★

対象学年 低 中 高

場所 どこでも

道具 なし

人数 10人〜

時間 5分〜

あそび方

1 全員でひとつの円をつくり、内側を向く。

2 教師の「向きを変えて。せーの！」のかけ声に合わせて、ジャンプして右向きまたは左向きに90度回転する。

向いた側の人がこちらを向いていたらハイタッチする。向いた側の人が
反対を向いていたら、泣きまねをしてしゃがむ。

えーん

イェイ

えーん

向き合えなかった子

向き合えた子

向き合えなかった子

子どもの ここに 注目！

まずは子どもの位置を変えずに、3回以上続けてやって
みて、ずっとしゃがんでいる子がいないか観察してみて
ください。隣が仲良しグループで固まっているなどでな
ければ、ずっとしゃがんでいる子は避けられている可能性が高いです。
子どもの動きを見ることに集中したいときは、自分以外の大人にゲー
ムの進行を頼んでもよいでしょう。

ぬまっちからひとこと

高学年の女の子に多いのですが、隣に仲のいい子がいると、その子のほ
うばかり向いていることがあります。そんなときは『3秒移動』（P.39）
を行って、どんどん位置を入れ替えていきましょう。教師から子どもの
手を引いて移動させてしまってもいいでしょう。**いろいろな子との接触
の機会を増やすのがゲームの意義です。**

フープリレー

▶ 全員が手をつないだまま、順にフラフープをくぐって隣の人にリレーし、1周させる。

ねらい

スムーズにリレーしていくには手をぎゅっとつなぐ必要が。声援を送ったり、アドバイスをしたり、互いに声をかけあうきっかけにもなる。

こんなときにおすすめ

- ✔ 接触を増やして親密度を上げたいとき
- ✔ 声をかけあって一体感を高めたいとき
- ✔ 隣の人と力を合わせる体験をしたいとき

DATA

信頼関係 ♥♥♥
教師の体力 ★★☆
対象学年 低 (中) 高
場所 どこでも
道具 フラフープ
人数 10人〜30人
時間 10分〜

あそび方

1 全員が手をつないで輪になり、1カ所にフラフープを入れる。

2 つないだ手は離さずに、フラフープをくぐって次の人に回し、最初の位置までフラフープを戻す。

慣れてきたら、フラフープを増やして同時に
リレーしていき、2本のフラフープが重なっ
てしまったら失敗。

進め方のコツ

30人いたら4本くらいは同
時に回せます。人数を見て、
フラフープを入れる位置は調
整して。

後ろからフラフープが
追いついてきたぞ～！
いけいけー！

あおられることで興奮するのと、できるだけ速
くフラフープを回そうとした結果、隣の人の手
をぎゅっと握るようになります。

 さらに慣れてきたら10人くらいずつのチームに分かれて、
フラフープを2周させるタイムを計る。

ぬまっちからひとこと

最初に2分くらい練習と作戦会議の時間をとります。すると、できるだ
け速く回すための体勢を考えたり、並び方を変えたりするチームも出て
くるでしょう。自分から作戦を提案したり仕切ったりする**リーダーシッ
プタイプ**と、聞き役になる**メンテナンスタイプ**が見えてきます。

あっちの世界、こっちの世界

▶ 人の輪の間にあるフラフープを、手をつないだまま全員がくぐり、元の状態に戻る。

 ねらい
チーム内で出たアイデアを、実際にやってみて結果を出すことが目的のゲーム。ただアイデアを出すだけでなく、実践することの大切さを知るきっかけに。

 こんなときにおすすめ
✓ チームでの課題解決に挑戦させたいとき
✓ 活発な話し合いを経験させたいとき

DATA

信頼関係 ♥♥♥

教師の体力 ★★★

対象学年 低 中 高

場所　広めの教室、体育館
　　　　など

道具　フラフープ

人数　1つのフラフープに
　　　　6人〜10人

時間　10分〜

あそび方

1 10人くらいのチームに分かれ、チーム全員が手をつないで輪になる。1カ所、人と人の間にフラフープを入れる。

2 手をつないだまま、全員がフラフープを1回だけくぐって、最初と同じ状態に戻ることに挑戦する。

子どもの
ここに
注目！

うまくいかず「あれ？」「なんで!?」と不思議がる様子が見られるといいですね。そこから方法を模索するきっかけになります。無理な体勢になっている子がいないか見てまわり、無理をしているチームがあったら、別のアイデアを試してみるように声かけを。

ぬまっちからひとこと

特に何も考えずにフラフープをくぐっていくと、全員が外側を向いている状態になることも。「どうしたら元に戻るか？」を実際にやりながら**試行錯誤していくうちに、チームの団結力が高まっていくゲーム**です。最後、それぞれのチームに「どうしたら成功したか？」を発表してもらうのもいいでしょう。

インパルス（にぎにぎ）

▶ 手をぎゅっと握ることをリレーしていき、全員に回っていくかを確認する。

ねらい

手をつなぐ感触がリレーしていき、一体感や達成感を味わうことができる。誰と手をつないでいるかわからない状態でやることで難易度を上げる。

こんなときにおすすめ

✔ 一体感を味わいたいとき
✔ 『人間知恵の輪』をやる前に

DATA

信頼関係 ♥ ♥ ♥
教師の体力 ★ ★ ★
対象学年 低 中 高
場所　どこでも
道具　なし
人数　1チーム5人～10人
時間　5分～

あそび方

1 1チーム5人～10人に分かれる。全員が両手を上に挙げたまま、1カ所にぎゅっと集まる。

進め方のコツ

うまく手をつなげていない人がいるときは、教師がサポートして全員がつなげるようにしましょう。

2 手の感覚だけを頼りに、右手と左手それぞれ誰かと手をつなぐ。

3 スタートになる人は、右手をつないでいる人の手をぎゅっと握る。握られた人は、反対側の手でつないでいる人の手をぎゅっと握る。

4 手をぎゅっと握ることをリレーしていき、全員に回ったら成功。回ってこない人がいた場合はつないでいる手を組み替えて再挑戦する。

ぎゅっ！

人間知恵の輪

▶ 『インパルス（にぎにぎ）』で手を握りあった状態から、一重の円に戻していく。

DATA

信頼関係	♥♥♥
教師の体力	★★★
対象学年	低 **中** **高**
場所	どこでも
道具	なし
人数	1チーム5人～10人
時間	10分～

ねらい

どう動いたら絡まりが解けるのか先を予想する力とともに、全員で協力してゴールを目指していくことが求められる。

こんなときにおすすめ

✔ チームで課題を乗り越えて仲を深めたいとき
✔ 身体の接触を通じて親密度を高めたいとき

あそび方

1 『インパルス（にぎにぎ）』を行って、チーム全員の手がひとつの輪につながっていることを確認する。

2 つないだ手は離さずに、体をひねったり、腕の間をくぐったり、乗り越えたりして、人と人の絡まりをほどいていく。

子どものここに注目！

今の状態からどうしたら一重の円に戻れるか、先を見通して指示を出す子がいるかどうかに成功がかかっています。的確に指示を出している子がいたら、ぜひほめてあげてください。

進め方のコツ

あまり無理をするとケガにもつながるので、苦しそうなチームは、手を一旦はずしてつなぎ直させるなど適宜フォローしてください。

3 全員が手をつないだまま、一重の円になったらゲーム終了。

ぬまっちからひとこと

最初は「まさかこの状態から一重の円になるはずがない！」と思うでしょう。それがアイデアを出し合って、体を動かしていくと、だんだん絡まりがほどけていく。見事円になれたときは全員で拍手をしてしまうほどうれしいものです。夢中になっていて気づかないこともありますが、かなり身体の密着度の高いゲームです。

シェイクハンド

▶ あらかじめ決めておいた回数だけ握手した手を上下に振る。その回数が相手と同じなら仲間になる。

ねらい

握手をすることが目的のゲームなので、自然と誰かと握手をすることに。相手と同じ回数手を振ると、仲間を見つけたうれしさが感じられる。

こんなときにおすすめ

✔ 少しずつ接触への抵抗がなくなっているとき
✔ 普段仲良くない子とも接触の機会を持ってほしいとき

DATA

信頼関係 ♥♥♡

教師の体力 ★★★

対象学年 低 中 高

場所　どこでも

道具　なし

人数　10人〜

時間　10分〜

あそび方

1 握手をしたときに、手を上下に振る回数をあらかじめ「1回」「2回」「3回」のどれかに決めておく。

決めた回数は絶対に口に出さないよ！

低学年の子だと、決めた回数をつい口に出しがち。回数がわかってしまうとこのゲームのおもしろさが半減するため、あらかじめ声かけを。

2 全員適当な位置に立って、スタートの合図とともに近くにいる人と握手をする。握手をしたあと、あらかじめ決めた回数だけ手を上下に振る。

1回　3回　あれ？

3 握手した相手と同じ回数手を振ったら仲間になって、一緒に新たに握手する人を探しにいく。握手した相手と手を振る回数が違ったら、また別の人と握手をして仲間を探す。全員が「1回」「2回」「3回」のチームに分かれたらゲーム終了。

ぬまっちからひとこと

口に出さずに同じ回数手を振る仲間を探していきます。ピタッと同じ回数で止まると爽快感もありますし、仲間が見つかったうれしさも。**自然にいろいろな人と手をつなぐきっかけになる**ので、仲良しグループ以外のクラスメイトとも接触するきっかけに。手をつなぐことには抵抗がないくらいの信頼関係で取り入れるのがおすすめです。

バースデーラインナップ

▶ 声を出さずジェスチャーだけでお互いの誕生日を伝えあって、誕生日が早い順から並ぶ。

ねらい

互いのことをあまり知らない状態でやるのがよい。偶然同じ誕生日の相手がいると、親近感がわき、会話のきっかけにもなる。

こんなときにおすすめ

✔ 初対面の人たちがお互いを知るきっかけに
✔ 自然な形で仲間意識を芽生えさせたいとき
✔ 動きが少ないゲームをやりたいとき

DATA	
信頼関係	♥ ♥ ♥
教師の体力	★ ★ ★
対象学年	低 中 高
場所	広い教室、体育館など
道具	なし
人数	10人～
時間	5分

あそび方

1 声は出さず、指で数字をつくるなど、ジェスチャーだけで自分の誕生日を伝えて、1月1日生まれから12月31日生まれまで順番に並んでいく。

ここを先頭に1月1日生まれから並んでね

どこを先頭に生まれの早い子から並んでいくのかだけはっきりさせれば、あとは教師から声かけすることはほとんどありません。低学年でうまく意思疎通ができていなさそうなところがあればサポートを。

1月　7月　9月　11月

8月生まれ　　6月生まれ

2

全員が並び終わったら、端から自分の誕生日を発表していく。

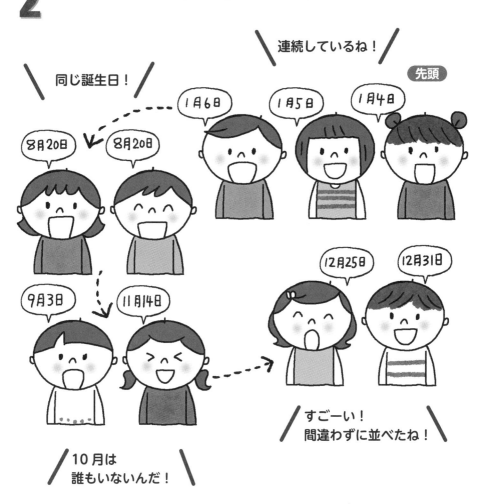

連続しているね！

先頭

同じ誕生日！

1月6日　1月5日　1月4日

8月20日　8月20日

12月25日　12月31日

9月3日　11月14日

すごーい！
間違わずに並べたね！

10月は
誰もいないんだ！

ぬまっちからひとこと

ジェスチャーだけで意思疎通をして順に並んでいく「ラインナップ」というゲームのひとつです。**誕生日だと指で数字を示すだけで伝えたいことがわかるので、低学年でもできます。**ある月だけ人数が多かったり、同じ誕生日の子が何人かいたり、特徴的なことがあったときは「すごいね！」と盛り上げを。

ハンドサイズラインナップ

▶ 声を出さずに、手のひらのサイズが一番小さい人から一番大きい人まで順番に並ぶ。

ねらい

「手のひらの大きさを比べる」ことから、自然と手のひらを重ね合わせることになり、接触の機会が生まれる。

こんなときにおすすめ

✔ 教師に準備やサポートをする余裕がないとき
✔ 子どもどうしの距離を縮めたいとき
✔ あまり動きまわらないゲームをしたいとき

DATA

信頼関係　♥♥♡
教師の体力　★★★
対象学年　低 中 高
場所　広い教室、体育館など
道具　なし
人数　10人〜
時間　5分

あそび方

1 声は出さず、手のひらを重ねることで大きさを比べて、手のひらのサイズが一番大きい子から一番小さい子まで順番に並んでいく。

子どものここに注目!

最初は手のひらを重ねることに躊躇する子がいるかもしれません。そんなときは教師から「2人はどっちが大きいの？　背が高いから●●さんかな？」など声をかけながら、サポートを。

2 全員が並び終わったら、一番大きい子と一番小さい子で手のひらのサイズを
比べてみる。

同じ小学○年生でも、こんなに
手の大きさが違うんだね

高学年になると、手の大きい子は大人と変わらないサイズのこと
も。一番小さい子と一番大きい子のサイズの違いを比べてみるこ
とが、このゲームのおもしろさのひとつでもあります。

ぬまっちからひとこと

これは大人ウケのいいゲームで、ボクは取材の記者や保護者が集まる場
でやることも多いです。子どもどうしが手のひらを重ね合わせている姿
は、写真映えもいいので、撮影して保護者に見てもらうのもいいでしょう。

トラストフォール

▶ 支える人と倒れる人でペアに。体重を預けて倒れてくる人をしっかり支える。

ねらい

"信頼"がカギになるゲーム。相手が支えてくれることを信頼して全体重を預けて倒れ、それを支えてもらうことで互いの信頼が深まる。

こんなときにおすすめ

✔ 信頼関係を深めたいとき
✔ 団結力が必要な行事などに向けて

DATA

信頼関係　♥ ♥ ♥
教師の体力　★ ★ ★
対象学年　低 中 高
場所　体育館など
道具　なし
人数　10人～
時間　10分～

あそび方

1 身長や体重が同じくらいの人とペアになり、支える人と倒れる人に分かれる。倒れる人が前に、支える人が5cmくらい後ろに並ぶ。

2 支える人は足を前後に開いて軽く腰を落として安定感のある姿勢を取り、両手を胸の前あたりに出す。倒れる人は両手をクロスさせて胸の前に構える。

怖かったらいつでも足を出していいよ

倒れる人に危険がないよう、フォローを欠かさずに。

進め方のコツ

倒れる人は、両手をクロスさせて握り、下から体の前を通って、握りこぶしが胸のあたりにつくポーズに。こうすると、怖がって両手を振り回すこともなく、高学年の女の子の場合、間違って胸を触られることがありません。

かけ声を2往復させたあと、倒れる人は膝を折らずまっすぐ後ろに倒れる。
支える人は両手で受け止める。

お互いのタイミングが合っていないと失敗するゲームなので、かけ声は2往復させて気持ちをしっかり合わせて。「どうぞ！」の声が返ってきたあとに倒れます。

 成功したら倒れる人と支える人の間隔を、10cm、30cm、50cmと広げて挑戦する。

進め方のコツ

体の大きい子に対しては、支える人を2人にしたほうが安心・安全です。倒れる人と支える人との間隔を開けてレベルアップするときも、3人組に変更して支える人を2人に増やしましょう。

ぬまっちからひとこと

倒れる人は支える人を信じて、1本の棒になった気持ちですっと倒れること。ひざが曲がったり、まっすぐ倒れてこなかったりすると支える人が失敗しやすくなります。**倒れる前にかけ声を2往復させるのもポイント**に。倒れるほうも2回声が返ってくることで、恐怖感が軽減されて安心して倒れることできます。

トラスト落ち葉

▶ 1人の人をチーム全員で支えて、落ち葉のように揺らしながら下に降ろしていく。

DATA

信頼関係 ♥♥♥
教師の体力 ★★★
対象学年 低 中 **高**
場所 体育館など
道具 なし
人数 1チーム 10人
時間 10分〜

ねらい

支えてもらうほうは自分の体をみんなに預けることで、自然と信頼する気持ちが高まる。支える側も協力して行った事で一体感が高まる。

こんなときにおすすめ

✔ 信頼関係を深めたいとき
✔ 男子と女子の間に壁を感じるとき

あそび方

1 10人くらいで1チームをつくり、落ち葉役になる人を1人決める。

2 落ち葉役になる人は靴を脱いで、あおむけになって床に寝る。そのほかの人は、落ち葉役の人のまわりを囲んで、胴上げのように体を持ち上げる。

進め方のコツ

支える位置は1カ所に人が集まらないように調整します。

ゆ〜らゆ〜ら

3 「ゆ〜らゆ〜ら」と言いながら、落ち葉役の人の体を左右に揺らして、ゆっくりと床まで下げていく。

ぬまっちからひとこと

大人になってもなかなか胴上げされる機会はありません。実際に落ち葉役になるとわかりますが、**たくさんの人に持ち上げてもらえることってうれしいもの**なんです。物理的にみんなから支えてもらえることで自己肯定感も得られ、次は支える側にも回ることができる。自然と一体感が高まることにもつながってきます。

PART3

······························

協力する力・
話を聞く力を
伸ばすあそび

子どもたちの仲が深まってきたら、ゲームで遊びながら
クラスとしてのまとまりを伸ばすことにも挑戦してみましょう。
楽しく遊んでいるうちに、まわりの子と協力したり、
教師や友達の話を聞いたりする経験につながるゲームを集めました。

2〜5人バスケット

▶ お題に当てはまる人が1人でもいたらチームを解散。新しいチームをつくる。余った人は王様になって次のお題を出す。

ねらい

チームに入れない人＝仲間外れではなく、次のお題を出す"王様"になれる楽しさがある。ゲームが盛り上がっていくうちに、同じチームになった人と自然と手をつなぐこともあり、距離が縮まる。

こんなときにおすすめ

✔ 大人数で盛り上がるゲームをしたいとき
✔ 少人数での会話を生みたいとき
✔ 長期休み明けに休み中の出来事を共有したいとき

DATA

信頼関係 ♥♥♡
教師の体力 ★★★
対象学年 低 **中** 高
場所 どこでも
道具 なし
人数 20人〜
時間 5分〜

あそび方

1 2人1組のチームをつくって円になり、全員内側を向く。余った人（いない場合は教師）は円の中央に来て"王様"として、お題を出す。

中央にいる人は王様だから、全員で「王様、何にいたしましょう？」とお題を聞きます。せーの！

王様、何にいたしましょう？

「王様、何にいたしましょう？」と聞くときは、全員が王様に向かって片手と片足を差し出して、尋ねるポーズを。中央に残るのは、誰ともチームになれない残念な子ではなく"王様"になれる幸せな子ということなんです。

2
王様が「黒い服を着ている人」などのお題を出し、
チームの2人のうちどちらか1人でもお題に当てはまる場合は
チームを解散して2人とも円の中央に。別の人とチームをつくって円に戻る。
余った人が王様になり、次のお題を出す。

黒い服を着ている人！

3
だんだん慣れてきたら、お題を「相手に聞かないとわからないこと」に限定する。

いちごが好きな人！

今朝、パンを食べた人！

水泳を習っている人！

きょうだいがいる人！

4 さらに慣れてきたら、チームの人数を3人、4人、5人と増やしていく。

どうする？

進め方のコツ
新しいチームを組む人がスムーズに決まらず、何人も中央に残っているときは、そのまま"王様"を"王様たち"に変更。「王様たち、何にいたしましょう？」と続けてしまいましょう。中央に残った人たち全員で新しいお題を考えてもらいます。

子どもの ここに注目！
ゲームに慣れてくると、王様になりたがる子が現れます。誰ともチームをつくらないために円から外側に逃げだすような子も。円から離れてしまった場合は、そのままゲームを続けましょう。きっと帰ってきます。

ぬまっちからひとこと
「今朝、パンを食べてきた人」「海外旅行に行ったことがある人」など「聞かないとわからないことをお題にする」という縛りをつけると、「今朝何を食べてきた？」「海外行ったことある？」と**チーム内で自然と会話が生まれ、お互いを知るきっかけに。**夏休み明けなどにおすすめです。ゲームが盛り上がると、指示していなくてもチームメイトと手をつなぐ子が現れます。

GO で仲間づくり

▶ 教師が手をたたく数をマネする。「GO！」の合図で直前に手をたたいた数と同じ人数でチームに。

DATA

信頼関係 ♥♥♥
教師の体力 ★★★
対象学年 低 中 高
場所 どこでも
道具 なし
人数 10人〜
時間 1分

ねらい

決まった人数でチーム分けをするためのゲーム。教師が手をたたく回数をしっかり聞く姿勢ができるので、『2〜5人バスケット』などのゲームをスムーズに始めることができる。

こんなときにおすすめ

✔ スムーズに決まった人数で組をつくってほしいとき
✔ 盛り上がるゲームのあとでザワザワしているとき

あそび方

1 教師が「せーの」のかけ声のあと手をたたくので、それと同じ数だけ手をたたく。手をたたく数は1回、2回、3回、4回と順に増やしていく。

パンパンパン！　GO!

2 教師が「GO！」とかけ声をかけたら、直前に手をたたいた数と同じ人数でチームをつくる。

3人

ぬまっちからひとこと

普通に「●人組をつくってください」と声かけをしても、聞いていない子がいて、何度も同じ指示を出すことにも。**教師がいつ「GO!」と言うかわからないと、自然と教師が手をたたく回数を聞くようになる**ので、その流れで人数分けができます。人数分けでもたつくことなく、ゲームのひとつとして行えるワザです。

5人組じゃんけん

▶ 5人1組で親指から小指それぞれの担当を決める。担当に従ってグー・チョキ・パーを表現する。

 ねらい

全員がいずれかの「指」を担当するので、5人で協力してじゃんけんをすることになる。全員の集中力が試されると同時に、力を合わせて勝った達成感を味わうことができる。自然と5人で手をつなぐことにも。

こんなときにおすすめ

✔ 協力してゲームを行うことを経験させたいとき
✔ 集中力を高めたいとき
✔ みんなで大きな声を出すゲームをしたいとき

DATA

信頼関係 ♥ ♥ ♥
教師の体力 ★ ★ ★
対象学年 低 中 高
場所 広い教室、体育館、校庭など
道具 なし
人数 10人〜
時間 10分〜

あそび方

1 5人1組になって、親指、人差し指、中指、薬指、小指の担当を決める。
パーを出すなら全員が立つ。チョキなら人差し指と中指担当だけ立ってほかは座る。
グーなら全員が座る。5人1組が難しい場合は、4人組、3人組でもOK。

親指　人差し指　中指　薬指　小指

グー　　　　　　　チョキ　　　　　　パー

進め方のコツ

あらかじめチームで相談し、何を出すかを決めてもらいます。子どもたちは担当している指によって、自分が立つのか座るのかを考えておく必要があります。

子どものここに注目!

人差し指と中指はパーでもチョキでも立つ必要があるので、立ったり座ったりが多く、負担が大きいです。チーム内でこの2つの役割を誰がやるのか、うまく役割分担できているか見ておきましょう。

2 ほかのチームとじゃんけん対決をする。
5勝したチームから抜けていく。

あいこで

チョキ！

パー！

おかしな手の形に
なったら負けだよ

最初はグー
からだよ

「チョキ」なのに小指の子も立ってしまっている
とか、「パー」なのに座っている子がいるとか、
おかしな手の形になったときは負け。ありえな
い手の形になってしまうことがあるのが、この
ゲームのおもしろさです。

「最初はグー」から始めると、全員が
座った状態になるので、次の手が出し
やすいです。

ぬまっちからひとこと

低学年はチーム対抗ではなく、教師とじゃんけんをして勝ったチームか
ら抜けていく形にしても。高学年は慣れてきたら、あいこになっても連
続でじゃんけんができるように「①チョキ②グー③チョキ」など出すも
のを複数決めてから勝負するルールにしてみましょう。難易度も上がっ
て盛り上がります。

7と11でいい気分

> 2人組になってそれぞれが両手の指を好きな本数出し、指の本数の合計が「7」か「11」になったら「いい気分！」と叫ぶ。

ねらい

低学年の場合、足し算の練習にもなる。2人の指の本数を合わせて「7」か「11」になるという運任せでしかクリアできない課題を達成することで、誰とでも達成感を味わうことができる。

こんなときにおすすめ

✔ 足し算の練習をさせたいとき
✔ 課題の達成感を簡単に味わわせたいとき
✔ いろいろな子と接点を持ってほしいとき

DATA

信頼関係　♥ ♥♥
教師の体力　★★★
対象学年　低 中 高
場所　どこでも
道具　なし
人数　2人〜
時間　5分〜。人数が多ければ15分

あそび方

1 目が合った人とペアになり「せーの」で両手を出す。両手の指は好きな本数立てておく。

進め方のコツ

やってみるとわかりますが、とっさに両手で違う本数の指を立てるというのが難しく、両手をグー（0本）にして出してしまうことも。慣れてきたら「両手の指が同じ本数にならないようにする」というルールを追加してもいいかもしれません。

4 ＋ 4 ＝ 8

2 2人が出した指の本数を足して「7」または「11」になったら「いい気分！」と叫ぶ。

せーの

いい気分！

5＋6＝11

進め方のコツ

そもそも自分の指を7本以上立てていると「7」になる可能性がなくなり、「11」を目指すしかなくなります。自分の指を少なめに立てるのが、早めに5回「いい気分！」を達成するポイントかもしれません。

子どものここに注目！

特に1年生はまだ足し算にも慣れていないので、指の本数を足すのに時間がかかります。計算に困っているようであれば、教師が助けてあげてください。中・高学年で計算ミスをしている子を発見したら、すかさずツッコミを。

 ペアを変えながら「いい気分！」が5回達成できた人から場を抜けていく。

ぬまっちからひとこと

足し算さえできれば1年生から遊べるゲームです。**楽しみながら計算練習にもなります。**足して「7」と「11」になるのが意外と難しく、うまくできたときには思わずペアになった相手とハイタッチをするシーンも。以前5、6年生用のアレンジで「かけ算」バージョンもできないかと考えましたが、ルールが複雑すぎて挫折しました（笑）。

ならびっこ

▶ 無造作に放り投げた人形と同じポーズを取って、できるだけ早くチーム全員が並ぶ。

DATA

信頼関係 ♥ ♥ ♥
教師の体力 ★ ★ ★
対象学年 低 中 高
場所 広い教室、体育館など
道具 ぬいぐるみか人形
人数 10人
時間 5分〜

ねらい

落ちた人形と同じポーズを取って並ぶというゲームを通じて、「列になって並ぶ」という小学校生活で欠かせない行動を遊び感覚でできるようになる。普段から繰り返しやっておくと短時間で並ばせたいときに役立つ。

こんなときにおすすめ

✔ 列に並ぶことを覚えさせえたいとき
✔ 素早く列に並んでほしいとき

あそび方

1 全員を2つのチームに分ける。それぞれのチームに1つ、マスコットになる人形を決める。

進め方のコツ

チームの分け方はやりやすい方法でかまいません。先に『バースデーラインナップ』（P.52）をやっておいて、生まれ順で分けるのもおすすめ。

2 教師がマスコットになる人形をポンと放り投げて、地面についたらその後ろに人形と同じポーズを取って並んでいく。

ぬまっちからひとこと

まだ素直な低学年におすすめのゲームです。保護者が集まる授業参観でやると、一生懸命人形のマネをする子どもたちのかわいさで盛り上がります。このゲームをクラスに浸透させておくと、並んでほしい場面が来たときに人形を地面に座らせて置くことで、その後ろにさーっと座って並んでくれます。

まんじゅう

まんじゅう！

『ならびっこ』と似たようなゲームで『まんじゅう』というのがあります。ルールはとても簡単で、教師がまんじゅうの「あんこ」になって、子どもたちは「皮」に。教師がにぎりこぶしを上にあげて「まんじゅう！」と言ったら、子どもたちは教師を包み込むようにぎゅっとまわりに集まる。これだけです。

普段から『まんじゅう』で遊んでクラスに浸透させておくと、校外学習で外に出かけたときや校庭など広い場所でクラス全員をぎゅっと1カ所に集めたいときに役立ちます。教師が無言でにぎりこぶしを上にあげるだけで、散り散りになっていた子どもたちがわーっと集まってきますよ。子どもたちを集めるポイントとしては、教師が見やすいところに立つことがあります。

学校教育の場では「列になって移動する」のが基本ですが、特に校外学習のときなどは30人近い子どもたちが列になって歩くと、街中や駅で人の流れを遮断することも考えられ、往来のじゃまになる可能性が高い。それよりも、教師を中心になんとなくまとまって動くほうが素早く移動できますよ。

みんなおに

▶ 全員が「おに」になるおにごっこ。タッチされるたびに片手ずつ動きを封じられ、3回
タッチされるとゲームから脱落する。

ねらい

全員が「おに」なので、全員が追いかけて全員が逃げ
ることになる。足の遅い子だけがずっとおに役になっ
てつまらない思いをすることがなく、全員が楽しめる。

こんなときにおすすめ

✔ 広い場所で動きまわるゲームをしたいとき
✔ 素早く盛り上がりたいとき
✔ クラス全員でゲームを楽しみたいとき

DATA

信頼関係　♥♥♥

教師の体力　★★★

対象学年　低 中 高

場所　体育館、校庭など

道具　なし

人数　10人〜

時間　10分〜

あそび方

1 全員がバラバラに場に散らばる。教師が合図をしたらおにごっこを開始する。

スタート！

2

誰かにタッチされたら、タッチされた場所に片手をあてる。2回めにタッチされたら空いているほうの手をタッチされた場所にあてる。

タッチされたところはケガしてるってことだから。手でばんそうこうをあててね

タッチされたところを手で覆うのは、タッチされて傷ついたところを手当てするというイメージです。

1回タッチされている

2回タッチされている

3

3回めにタッチされたらその場に座る。おにが1人になったらゲーム終了。

進め方のコツ

2回タッチされると、両手がふさがってしまうので、自分で誰かにタッチすることができなくなってしまいます。その状態でさらにタッチされたらゲームオーバーです。

3回タッチされたので座る

ぬまっちからひとこと

おにごっこは基本的に足の速い子が活躍するゲームです。ただ、足の遅い子がおにになってしまうと、なかなかほかの子をタッチすることができず、おに役の子もツラいです。また、おに役は必死になって追いかけ、逃げる側も必死に逃げるため、ケガも発生しやすい。全員がおにになると、逃げながらも追いかける子を探すなど、**ひとつの役割に集中しすぎないので、ケガしにくい**というメリットもあります。

ホスピタルタグ

▶ 『みんなおに』（P.70）のアレンジ。3回タッチされた後、ホスピタル役の人にタッチ
してもらうと復活できる。

ねらい　『みんなおに』では最後の1人が決まった時点でゲームが終わってしまうが、ホスピタル役を導入することで、復活する子が出てくるので、いつまでもおにごっこを続けることができる。

こんなときにおすすめ
- ✔ 『みんなおに』で長く遊びたいとき
- ✔ 普段目立たない子に活躍の場を与えたいとき
- ✔ 全員でおにごっこを楽しみたいとき

DATA

信頼関係 ♥♥♥
教師の体力 ★★☆
対象学年 低 中 高
場所 体育館、校庭など
道具 人形かぬいぐるみ
人数 10人～
時間 10分～

あそび方

1 『みんなおに』の途中で、ホスピタル役になる人にぬいぐるみを渡す。

進め方のコツ

最初からホスピタル役を決めておいてもいいですが、だいたい半分くらいの子が座ったあたりで投入するほうが盛り上がります。

2 ホスピタル役の人は、3回タッチされて座った人のところに行って頭にぬいぐるみをトンとのせる。

子どもの ここに 注目!

普段はあまり注目されなかったり、おとなしかったりする子がみんなから「ありがとう」と言われて、どんな表情をしているかもしっかり見てあげてください。交流の少ない子同士のコミュニケーションの機会にもなりますし、自己肯定感も高められます。

3 のせてもらった人はホスピタル役の人に「ありがとう」と言ったあと、復活できる。

こっちも来てー!

ありがとう!

ぬまっちからひとこと

人形を持つホスピタル役の子に誰を選ぶかが重要になります。おにごっこでは活躍しづらい足の遅い子でもいいですし、普段あまり目立たない子もいいでしょう。そんな子がこのゲームではみんなを助ける役目になり「ありがとう」と言ってもらえるのです。**例えゲームの世界の中であっても「ありがとう」を言い合うことで、言われる側も言う側も何かが変わっていきます。**

星人おにごっこ

▶ ポーズによって3つのグループに分け、タッチされたら相手と同じポーズに。ひとつのポーズに統一されたら終了。

ねらい

チーム対抗制にすることによって、チームで協力してゲームを行うことを経験できる。足の速い子も単に自分ひとりの功績になるのではなく、自分のがんばりでチームを勝利に導くことができるうれしさを味わえる。

こんなときにおすすめ

✔ おにごっこでできるだけ長く遊びたいとき
✔ 教師もかかわりながらゲームを楽しみたいとき

DATA

信頼関係 ♥♡♡
教師の体力 ★★★
対象学年 低 **中** 高
場所 体育館、校庭など
道具 なし
人数 30人〜
時間 10分〜

あそび方

1 全員を「あたま星人」「おなか星人」「おしり星人」という3つのチーム名に分ける。
あたま星人は手で頭をさわるポーズ、おなか星人は手でおなかをさわるポーズ、
おしり星人は手でおしりをさわるポーズを保ったままおにごっこを始める。

あたま星人

おなか星人

おしり星人

2 別の星人にタッチされたら、タッチされた星人のポーズに変える。
やがてひとつの星人に統一されたらゲーム終了。

君は
○○星人の王だ！

ひとつの星人に征服されそうになったら、足の速い子を勢力の弱い星人の王に指名します。これでゲームが簡単に終わらず長く楽しめます。勢力が変わるたびに、足の速い子を王に投入することでゲームの流れが変わります。

ぬまっちからひとこと

足の速い子を弱い星人の王に指名することで、あっという間に勢力が変わっていくのがこのゲームの醍醐味ですね。どのタイミングで、どの子をどの星人に指名するかが教師の腕の見せどころです。ボクが前に担任した2年生のクラスでは、盛り上がって90分も続けて遊んだことがあります。

コントロールおにごっこ

▶ 2人1組になり、ひとりは目をつぶって歩き、もうひとりが後ろから声で操縦して狙った相手をタッチする。

ねらい
目をつぶっているほうはペアになった相手が後ろからかけてくれる声だけが頼りに。声をかけるほうも、相手から頼りにされていることを実感することで、次第に2人の信頼感や絆が強くなる。

こんなときにおすすめ
✔ 人との信頼関係を深めてほしいとき
✔ 人のことを想像する気持ちを持ってほしいとき

DATA

信頼関係 ♥♥♡
教師の体力 ★★☆
対象学年 低 **中** **高**
場所　広い教室、体育館など
道具　人形かぬいぐるみ
人数　20人～
時間　10分～

あそび方

1 2人1組に分かれ、どちらが目をつぶって歩く役と後ろから操縦する役になるか決める。

2 目をつぶって歩く人は、両手を開いて胸の前あたりで構える。操縦するほうは目をつぶって歩く人の背中側の、体に触れないくらいの位置に立ち、声だけで移動する方向を伝える。

進め方のコツ

胸の前に両手を構えることで、もし誰かとぶつかってしまっても、ケガをしたりさせたりすることを防げます。また高学年の場合は女の子の胸を守ることができます。

ゆっくり前に歩いて！

3 教師がおにになるペアを何組か決めて、
目をつぶって歩く人に人形（またはぬいぐるみ）を持たせる。

4 おにからタッチされたらペアは人形を受け取る。
3分経ったら目をつぶって歩く役と後ろから操縦する役を交代してゲームを続ける。
3分ごとに役割を交代して続けていく。

左に曲がって！

そのまま進んで！

子どもの ここに 注目！
ペアによって動き方が違います。自分たちがおにでなければ、あまりウロウロせず待機するペアもいますし、おにであってもなくても細かく動きまわっているペアもいます。声で操縦している子の性格が出るのでしょうね。

ぬまっちからひとこと

目をつぶって歩くほうは、しっかりつぶって歩くのか、少し薄目を開けておくのか、自分で調節することができます。それぞれ「自分にはこのくらいなら平気」というレベルを選んでいるので、教師から「見えないようにつぶりなさい」とは指示しなくていいと思います。3分ごとに役割を交代するとともに「おにを1組増やす」「操縦役をタッチしてもおにを交代にする」など変化を持たせると長く楽しめます。

ブラインドおにごっこ

▶ ペアになった相手がフィールドの外からかけてくれる声を頼りに、目をつぶった状態で
おにごっこを行う。

ねらい

フィールドの外からしか指示ができないので、自然と大きな声を出すきっかけに。目をつぶっているほうもペアになった相手の声をしっかりと聞くことができる。ペアの信頼度がぐっと高まる。

こんなときにおすすめ

✔ 信頼関係をより深めたいとき
✔ 声を出すトレーニングをしたいとき
✔ 人の話を聞く力を鍛えたいとき

DATA

信頼関係 ♥♥♡

教師の体力 ★★☆

対象学年 低 **中** **高**

場所 広い教室、体育館など

道具 人形かぬいぐるみ、カラーコーン

人数 20人～

時間 10分～

あそび方

1 2人1組になり、目をつぶっておにごっこをする役と、声で指示をする役に分かれる。

2 おにごっこをする役はカラーコーンで区切ったフィールドの中に入り、おに役の人は人形（またはぬいぐるみ）を受け取り、『コントロールおにごっこ』（P.76）を行う。

おに

おにごっこのフィールド

進め方のコツ

胸の前で両手を構えることで、もしぶつかってしまっても、ケガしたりさせたりすることを防ぎます。また高学年の場合は女の子の胸を守ることができます。

3 声で指示をする役は、フィールドの外側からペアになった相手に指示を出す。

ストップ！

右を向いて！

フィールドの中に
入ってるよ！

目をつぶったペアの相手の動きに合わせて、指示を出すほうも動きまわる必要があります。興奮すると、フィールドの中に入って指示を出す子が現れるので、さりげなく注意を。

子どもの
ここに
注目！

指示を出すほうがどんな工夫をするかがおもしろいです。ペアになった相手の前方に回って指示を出すのか、後方から指示を出すのかも性格が出ます。「反対側に回るね！」と自分の動く方向を伝えてから移動をする子も。続けていくうちにコンビネーションもよくなっていきます。

4 3分経ったらおにごっこをする役と指示を出す役を交代して続ける。

ぬまっちからひとこと

目をつぶっている子は、たくさんの声の中から自分のペアの相手の声を聞き分けないと動くことができません。**一生懸命耳をすませていくうちに、ペアの相手の声がよく聞こえるようになっていきます。**指示を出すほうも、ペアの相手の動きも見ながら、自分も周囲に気をつけて動いていくので、かなり集中力が鍛えられますよ。

パートナー探し

▶ 20m 離れたところから目をつぶってスタートし、あらかじめ決めた合言葉を頼りにパートナーを探す。

ねらい

最初に位置を調整されるため、パートナーの声だけを頼りに距離や方向を図りながら移動していくことになり、かなりの集中力が必要になる。パートナーとの結束力が自然と高まる。

こんなときにおすすめ

✔ 人の話を聞く力を鍛えたいとき
✔ クラス内の信頼関係を高めたいとき

DATA

信頼関係 ♥♥♡
教師の体力 ★★☆
対象学年 低 **中** **高**
場所　広い教室、体育館など
道具　なし
人数　20 人〜
時間　10 分

あそび方

1 2 人 1 組になり、2 人だけの合言葉を決める。

合言葉は
チョコレートにしよう

進め方のコツ

合言葉は何でもいいです。2 人が好きなもので「ポメラニアン」とか「チョコレート」とか。ただ、ほかのペアとはかぶらないようなもの、聞き取りやすいものにしたほうが早くパートナーを見つけられると思います。

2 20m 間隔を開けたところに 2 本ラインを引き、それぞれパートナーとは別のライン上に立つ。

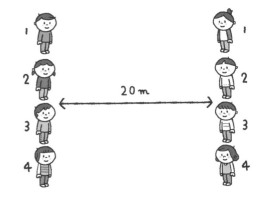

20m

3 全員が目をつぶったら、教師が位置や方向をシャッフルする。

進め方のコツ

パートナーがどのあたりに立っていたか覚えておけば、そちらに向かって歩くだけで見つけられる。それだとつまらないので、教師が位置をシャッフルしてしまいます。人によっては向きをみんなとは反対にすることも。

4 教師の合図で、決めておいた合言葉を叫びながら動き、パートナーを探す。パートナーと出会えたら成功。

ぬまっちからひとこと

自分のパートナーの声を探しながら、まわりの人にもぶつからないように気にしながら歩くので、かなり集中しますし、怖さもあります。それだけに無事にパートナーと会えたときは感動を覚えるほど。先にパートナーと会えた人たちが抜けていくと、聞こえる声が減って見つかりやすくなりますが、わざとまわりからみんなで声をかけて邪魔をするのも盛り上がります（笑）。

ゾンビ

▶ ゾンビ役、人間役に分かれて目を閉じたままで歩き回り、ゾンビに出会うと人間もゾンビになってしまう。

ねらい

目を閉じて何もわからない状態で動きまわるので、音や気配を敏感に感じ取ろうとする力が強くなる。相手がゾンビであっても、暗闇の中で誰かに出会える安心感も味わうことができる。

こんなときにおすすめ

✔ 集中力を高めたいとき
✔ クラスの団結力を高めたいとき
✔ 道具を使わずに遊びたいとき

DATA

信頼関係 ♥♥♡
教師の体力 ★★☆
対象学年 低 **中** 高
場所 どこでも
道具 なし
人数 20人〜
時間 10分〜

あそび方

1 全員で円になって内側を向き、目をつぶる。

2 教師にタッチされた人はゾンビ役になる。教師の合図で歩き出す。

進め方のコツ

何人をゾンビにするかは教師のさじ加減で。最初は7、8人に1人くらいの割合にし、ゲームに慣れてきた場合はもう少し増やしてもいいです。

ゾンビ　　　　ゾンビ

3 誰かと出会ったら、手を合わせ2人で「せーの」とかけ声をかける。
ゾンビ役の人は「わっ！」と声を出し、それ以外の人は座る。

せーの！

4 ゾンビに出会ってしまった人は自分もゾンビになってゲームを続ける。もしゾンビどうしだった場合は2人とも人間に戻る。

わっ！

ゾンビかぁ！

人間！

進め方のコツ

人間どうしが出会った場合は特に何もなく、そのままゲームを続けますが、なぜかお互い幸せな気持ちになってハイタッチをしたり、ハグしたりしたくなるようです。

わっ！　わっ！

ぬまっちからひとこと

どこに人がいるかを確認するために、腕を伸ばして歩きたくなります。ゾンビが交じっているから『ゾンビ』というゲームなのですが、腕を伸ばしながらあたりの様子をうかがって、ゆっくりゆらゆらと動く様子が、みんなゾンビのように見えるというのもあります（笑）。どこから人が現れるかわからず、しかもゾンビかもしれないというのは、かなりドキドキしますよ。

目玉焼き／目玉焼きリレー

▶ フラフープの中に入る人（黄身）がフラフープを支える人（白身）を従えながら移動していく。

ねらい

フラフープを支える人たちは、フラフープの中央にいる人の動きに自然と合わせることになる。そのため、フラフープの中央にいる人はまわりが自分に合わせてくれる感覚を味わうことができる。

こんなときにおすすめ

✔ チームでの結束力を高めたいとき
✔ クラス全員の承認欲求を満たしたいとき
✔ 相手のことを想像する気持ちを持ってほしいとき

DATA

信頼関係 ♥♥♡
教師の体力 ★★★
対象学年 低 中 高
場所 体育館、校庭など
道具 フラフープ、カラーコーン
人数 1つのフラフープに5人
時間 10分〜

あそび方

1 5人1組になり、フラフープの中央に入る人を決める。
ほかの人はフラフープを囲むように立ち、手に持って支える。

2 フラフープの中央の人が移動するのに合わせて、フラフープを持っている人も移動する。その際、中央の人の体にフラフープが当たらないようにする。1分経ったら中央の人を交代する。

フラフープが当たると黄身が割れちゃうよ

フラフープの輪の中にいる人が黄身、そのまわりで支えている人が白身になって「目玉焼き」に見立てています。

子どものここに注目!

黄身役になったときに、どんなふうに動くかに子どもの性格が出ます。いたずら好きな子はフェイントも入れて白身役を戸惑わせることに喜びを感じるでしょうし、白身役を気遣いながら動く子もいるでしょう。普段おとなしい子が、自由に動いてみんながついてきてくれる感覚を体験できるといいですね。

3 目玉焼きリレーの場合は、決められたコースを走ってスタート位置に戻ってくるたびにフラフープの中央の人を交代する。全員がフラフープの中央の人を経験したらゴール。

スタート＆ゴール

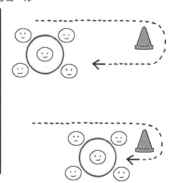

ぬまっちからひとこと

フラフープの真ん中にいる人は、まわりがみんな自分についてきてくれることで承認欲求が満たされます。まわりにいる人たちも、相手の動きを観察して、動き方を予想しながら進んでいく経験ができます。全員がどちらの役割も経験できるように時間を確保しましょう。

風船列車

▶ 風船を挟んだ状態で1列に並び、風船を落とさないようにコースを1周する。

チーム全員で協力し、息を合わせることが必須。失敗を繰り返しながら、どうしたら全員でスピードを合わせて進んでいけるのかを話し合うきっかけにもなる。

✓ 全員が接触できるほど親密度が高くないとき
✓ チームで課題を乗り越える経験をさせたいとき
✓ 団結力を高めたいとき

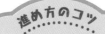

DATA

信頼関係 ♥♥♡
教師の体力 ★★☆
対象学年 低 **中** **高**
場所　広い教室、体育館など
道具　風船、カラーコーン
人数　18人〜
時間　10分

あそび方

1 全員を3つのチームに分ける。チームごとに1列に並ぶ。

2 1人1つ軽く膨らませた風船を持ち、前の人の背中と自分の胸の間に風船を挟み、両手はバンザイするように上に挙げる。

進め方のコツ

風船を前の人との間に挟むことで、前の人と密着しなくてもいい安心感があります。

風船を落とさないように気をつけながら、決められたコースを1周まわる。
途中で風船が落ちてしまったときは、落とした位置から再スタートする。

\ イチ、二、イチ、二 /

\ あ〜!! /

進め方のコツ

列の1番後ろの人がゴールラインについたときに「ゴールした」とみなします。

子どもの ここに 注目!

一人ひとりが自分のペースで歩くとリズムが合わず、すぐに風船が落ちてしまいます。「イチニ、イチニ」「右、左、右、左！」などかけ声をかけたり、全員がリズムを合わせて歩いたりできるようにアイデアを出している子がどの子なのか見ておきましょう。

ぬまっちからひとこと

単に列になってゴールを目指す『むかで競争』だと、スピードが出てしまって速さについていけない子もいます。でも、**風船を挟むことによってスピードが出にくくなるので、気持ちに余裕ができ、ケガもしにくくなります。**「どうしたら風船を落とさずゴールできるか」がみんなの話題になって、話し合うきっかけにもなります。

子ども主体でゲームは進行できる？

　この本で紹介しているゲームは、基本的には教師がファシリテーターになって、子どもたちのコミュニケーションを促すためのものです。決して子どもにファシリテーターになってもらうのが最終目的ではないのですが、ルールややり方を覚えると、子どもたちだけでできてしまうゲームもあります。

　例えば『2〜5人バスケット』(P.60)。最初のうちは教師の「せーの！」の合図で「王様、何にいたしましょう？」と言いますが、そのうち教師に代わって「せーの！」を言いたがる子が必ず現れます。そうなったら教師は外から見ているだけでよくなる。あとは『そうめん流し』(P.106)も道具がそろっていて、ルールさえわかれば子どもだけで進められます。『みんなおに』(P.70)などおにごっこ系も子どもだけでできる。ボクのクラスだと『ヘリウムフープ』(P.90)も休み時間に子どもだけで遊んでいることがあります。

　もちろん、いきなり最初から「みんなでやってみて」は無理です。まずは教師がファシリテーターとして、子どもたちにルールを浸透させていくこと。ルールを覚えてやってみて楽しそうだと思えば、子どもたちが自主的にやっていくでしょう。子どもたちがやるようになったゲームはそれだけ楽しかったということなので、ある意味ファシリテーションが成功したという証拠かもしれませんね。

PART 4

考える力・話し合う力を伸ばすあそび

課題をクリアするために、作戦を練ったり、
友達と話し合ったりすることは欠かせない経験です。
ゲームとして経験させることで、子どもも気負わず挑戦できます。
リーダーシップを発揮する子など、それぞれの個性も見えるでしょう。

ヘリウムフープ

▶ チーム全員の人差し指がフラフープに触れた状態で、フラフープを床まで降ろす。

ねらい

フラフープを床に降ろす方法をチーム内で話し合うことで、会話のきっかけに。全員で試行錯誤することでチームがまとまっていく。また、自然とまとめ役になる子が現れ、役割分担もできる。

こんなときにおすすめ

✔ クラス内の結束を深めたいとき
✔ 活発な話し合いをうながしたいとき
✔ 教師が疲れ気味なとき

あそび方

1 ひとつのチームが 6~10 人になるように分かれ、チームごとにフラフープを中心に円になる。

2 片手で親指と人差し指をピンと伸ばした指でっぽうの形をつくり、全員が伸ばした人差し指 1 本だけでフラフープを支える。

進め方のコツ

全員の準備ができて、スタートの合図があるまでは、教師か子どもの 1 人がフラフープを支えておきます。手を離すと自然にフラフープが上がっていく！

DATA	
信頼関係	♥♥♡
教師の体力	★☆☆
対象学年	低 中 高
場所	どこでも
道具	フラフープ
人数	1つのフラフープに 6～10人
時間	5分～。盛り上がると30分くらい

人差し指の上にフラフープを乗せる。

3 人差し指をフラフープにつけた
まま、フラフープを下に降ろし
ていく。

全員の指がフラフー
プにさわってないと
ダメだぞ～！

全員の人差し指がフラフープに触れると、自
然とフラフープが浮いていくはずです。そうで
ないグループはさわったふりをしている子がい
ないかチェックを。

4 フラフープが床についたら成
功。うまくいかないチームは話
し合って、いろいろなやり方を
試してみる。

子どもの
**ここに
注目！**

なんとか下に降ろ
そうと、工夫して
いろいろ試してみ
ることがこのゲームの肝。チー
ムがまとまるような声かけをし
たり、次々アイデアを出したり
と、授業では見られないような
リーダーシップを発揮している
子はいないかチェック。

ぬまっちからひとこと

全員がフラフープにさわろうとすると、フラフープが上に上にと浮くの
がこのゲームの不思議なところ。子どもの場合はズルして成功すること
が多いので（笑）、「指が離れてるよ！」とツッコミを入れましょう。**簡
単に成功するより、どうしたら成功するかたくさん話し合うことに意味
があります。**保護者会などで大人にやってもらっても盛り上がります。

木とリス

▶ 3人1組で2人が木の役、1人がリス役に。神様役の声に合わせて移動したり別の人と組になったりする。

ねらい

神様役の声によって3人のうち必ず1人は移動するので、いろいろな人と3人組になる経験をする。今まであまり話したことがない子とも手をつないだり、接点を持ったりするきっかけに。

こんなときにおすすめ

✔ 決まった友達以外とも接触してほしいとき
✔ たくさん動きまわるゲームがしたいとき

DATA

信頼関係 ♥♥♡

教師の体力 ★★☆

対象学年 低 中 高

場所 広い教室、体育館、校庭など

道具 なし

人数 20人〜

時間 10分〜

あそび方

1 全員が3人1組になり、木の役2人とリス役1人に分かれる。木の役は高い位置で両手をつないでアーチを作り、リス役はアーチの下に座る。3人組になれなかった人は神様役に。

進め方のコツ

3人組をつくるときは『GOで仲間作り』(P.63)を使って。ちょうど全員が3人組になるときは、神様役は教師がやりましょう。余りが2人出るときは、2人一緒に神様役をやってもらうといいでしょう。

木　　木

リス

猟師が来たぞ！

神様

2 神様役は「猟師が来たぞ」「木こりが来たぞ」「嵐が来たぞ」の3種類のセリフからどれかひとつを言いながら歩く。

3 「猟師が来たぞ」のときはリス役が今いる木から出て、ほかのペアの木に入る。
「木こりが来たぞ」のときは木の役は今のペアとは分かれ、
別の人とペアになって空いているリスのところで木になる。
「嵐が来たぞ」のときは木の役もリス役も移動。新しい3人組をつくって、
また木の役とリス役に分かれる。

入れなくて困っている

子どもの ここに 注目！

「嵐が来たぞ」のときは、それまで木の役だった人がリス役に
なってもいいですし、リス役が木の役になってもOKです。
でも、子どもたちにはリス役が人気で、気がつくとリス役に
なって座っている子がたくさんいて、木が足りないなんてことも（笑）。さっ
と誰かとペアを組んで木の役に収まるのはまわりが見えている子ですね。

4 余った人がまた神様役になり、ゲームを進めていく。

ぬまっちからひとこと

このゲームは、神様役の声をよく聞いていないと、自分は動くのか動か
ないのかわかりません。**毎回誰かが移動し、ザワザワするので、集中し
て話を聞くようになります。**「嵐が来たぞ」のときに迷わずリス役にな
るのか、場を見て木の役になるのかで、その子の性格が見えてきます。

ボディーガード

▶ 場にいる人の中で「大統領」と「ボディガード」を決め、ボディガードをすり抜けて大統領を狙撃できるよう移動する。

ねらい

自分が「スナイパー役」となり「大統領」と「ボディガード」を勝手に設定するので、自分の世界に入って遊べるゲーム。手をつなぐなどの接触はないが、自然と体がぶつかりあうなどして一緒に盛り上がっている感覚になれる。

こんなときにおすすめ

✔ あまり親しくないメンバーで盛り上がりたいとき
✔ 最終的に全員を1カ所に集めたいとき
✔ 教師が疲れているとき

DATA

信頼関係 ♥♥♥

教師の体力 ★★★

対象学年 低 **中** **高**

場所 広い教室、体育館、校庭など

道具 なし

人数 20人〜

時間 5分〜

あそび方

1 全員がバラバラな位置に立ち、場にいる人の中から「大統領役」と「ボディガード役」を決める。誰に決めたかは口に出さなくてよい。

大統領

ボディーガード

スナイパー

2 教師の「スタート！」の合図があったら、スナイパーである自分と大統領役の間にボディガード役が立たないように位置を変えていく。

進め方のコツ

一見簡単なルールに思えますが、全員がそれぞれに思惑を持って動きまわるので、自分も動き続けなければいけません。「ストップ！」までの時間はその場のさじ加減でもいいですが、あらかじめ「3分」など時間を決めておいても。

3 教師の「ストップ！」の合図があったら動きを止める。そのときに自分と大統領役の間にボディガード役がいなければ狙撃成功。ボディガード役やほかの人がいたら狙撃失敗。

4 慣れてきたら今度は自分がボディガード役に。
場にいる人の中から「大統領役」と「スナイパー役」を決める。

5 教師の「スタート！」の合図があったら、大統領役とスナイパー役の間に自分が立てるように位置を変えていく。教師の「ストップ！」の合図があったときに、大統領役とスナイパー役の間に自分がいれば成功。自分がいなければ失敗。

ぬまっちからひとこと

「大統領役」や「ボディガード役」を誰に決めたか話さなくてもいいので、他人の目を気にせず、**勝手に好きな相手と遊んだ気分になれます。**自分が「ボディガード役」になったときは、大統領役とスナイパー役の間に入ろうとするので、自然と人が密集してきます。**ゲームをしながら子どもを１カ所に集めることができるゲーム**でもあります。

しゃくとり虫

▶ 2 チームが列に並んだまわりを走るリレー。味方が通るときは列を短く、敵が通るとき は列を長くして邪魔をする。

ねらい
自分たちの列のまわりを走っているのが味方のときは できるだけ列を短くして速く通れるようにし、敵が 走っているときはできるだけ列を伸ばして走る距離を 伸ばす。瞬時の判断とチーム全員の協力が求められる。

こんなときに おすすめ
✔ チーム内で協力してゲームをしたいとき
✔ 瞬発力、対応力を鍛えたいとき

DATA

信頼関係 ♥ ♥ ♥
教師の体力 ★★☆
対象学年 低 中 高
場所 体育館、校庭など
道具 カラーコーン
人数 20 人〜
時間 10 分〜

あそび方

1 全員を 2 つのチームに分ける。
人が 1 人通れるくらい間隔を開けてカラーコーンを 2 つ置き、
チームごとにカラーコーンを先頭に 1 列に並び、両隣の人と手をつなぐ。

2 スタートの合図で両チームの先頭の人が走り出す。
まず味方チームの列のまわりを一周し、そのまま敵チームの列のまわりを
一周して次の人にタッチしたら、列の一番後ろにつく。

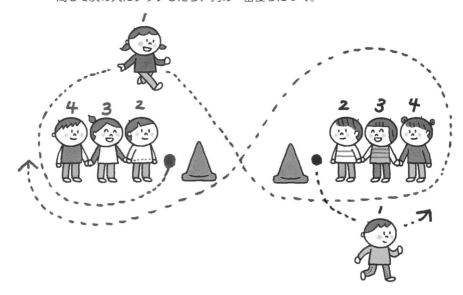

3 先にアンカーがゴールしたチームが成功。

味方が通るとき   敵が通るとき

列をできるだけ短くする   列をできるだけ長くする

進め方のコツ

走者が自分たちの前にいるときはわかりやすいですが、背中側を走っているときは今どこにいるか判断して列を伸ばしたり縮めたりする必要があります。そのうち味方チームと敵チームの走者が同時に回ってきたりして、パニックになります。

後ろから敵チーム来てるぞ！

最初のうちは教師が今の走者の状況を実況中継してあげるといいでしょう。特に低学年は自分たちで状況を判断して行動に移すのが難しいため、教師の声かけでフォローを。

子どもの ここに 注目！

状況を即座に把握して、「伸びて！」「縮んで！」とチーム全員にうまく指示を出せる子がいると、スムーズに伸びたり縮んだりができます。状況判断の速い子がどの子なのかが見えてくるゲームです。

ぬまっちからひとこと

今自分たちのまわりを走っているのが敵なのか味方なのか、素早く見極めて行動に移すことが勝敗を決めるゲームです。足の速さだけでなく、列の伸び縮みで勝負の行方が変わります。**個人ではなくチーム全員が情報を共有し、行動する必要があります。**

風船パニック

▶ チームの人数よりも多い数の風船を、落とさないようにチーム全員でトスし続ける。

ねらい

トスを続ける、というと円になって自分のところに来たらボールをあげるイメージだが、風船の数が多いのでそれではうまくいかない。どうしたらトスし続けられるのか、みんなで話し合うきっかけになる。

こんなときにおすすめ

✓ 話し合いを通じて結束を深めたいとき
✓ 体も動かしながら頭も使いたいとき
✓ 教師も一緒になって楽しみたいとき

DATA

信頼関係 ♥♥♥
教師の体力 ★★★
対象学年 低 中 高
場所 体育館
道具 風船
人数 1チーム10人くらい
時間 10分〜

あそび方

1 10人くらいずつのチームに分かれる。各チームに人数＋α個の風船がいきわたるように膨らませておく。

進め方のコツ

風船の個数はクラスの様子を見て調整してください。チームの人数＋5個くらいが盛り上がると感じますが、慣れないうちはチームの人数＋1、2個から始めて、具合を見て途中で教師が風船を追加してもOK。

2 教師の合図と同時に風船トスをスタート。すべての風船が床に落ちないようにチームで協力してトスし続ける。

3 できるだけ長い時間すべての風船を床に落とさずトスを続けられるように工夫してみる。

進め方のコツ

3分くらい相談タイムを設けて、それからまた挑戦するのを何回か繰り返してみます。少しずつ続く時間が増えていくと、子どもたちもうれしいはずです。

子どもの ここに 注目！

できるだけ長くトスを続けるにはフォーメーションを工夫する必要があります。真ん中に数名座って、残りの人でまわりを囲んでフォローするなど、いろいろなアイデアが出るでしょう。誰がたくさんアイデアを出しているか、誰が中心になって話し合いを進めているかを注意していると、子どもの意外な一面が見えてくるかもしれません。

ぬまっちからひとこと

長くトスが続くようなフォーメーションのアイデアを出し合って実践していくのがこのゲームのおもしろさです。大人には思いもつかないようなアイデアが出てくることもあります。自分たちで考えて、その結果トスが続くタイムが伸びていけば、達成感も得られ、同じチームになった子たちの団結力も高まります。

風船トスリレー

▶ 風船トスをチーム全員に回していく。1度トスした人は全員にトスが回るまで風船に触れない。

ねらい

チーム全員が風船をトスするという決まりがあるため、全員で協力しないと目標が達成できない。トスがうまくできない人をフォローしながら、どんな方法をとるとスムーズにトスが回っていくかのアイデア出しが重要に。

こんなときにおすすめ

✔ 活発な話し合いをうながしたいとき
✔ 運動が苦手な子も活躍してほしいとき
✔ 教師も積極的にゲームにかかわりたいとき

DATA

信頼関係 ♥ ♥ ♥
教師の体力 ★ ★ ★
対象学年 低 中 高
場所 体育館
道具 風船、ガムテープ
人数 1チーム 10人くらい
時間 10分〜

あそび方

1 ひとつのチームが10人くらいになるように分かれ、チームごとに内側を向いて円の形に並ぶ。

2 風船をトスして回していく。一度トスした人は、チーム全員にトスが回るまで風船には触らず待機する。

子どもの ここに 注目!

運動神経がよく、風船の動きにすぐに反応できる子とそうでない子がいます。意外な子が友達の得意・不得意を理解してフォローしたり、リーダーシップを発揮したりすることもあるかもしれません。

3 うまくトスが回らなかったり、風船が地面に落ちたりしたら
もう一度最初からやり直す。全員にトスが2周したら成功。

進め方のコツ

すべてのチームが2周した
ら、風船の何カ所かにガム
テープを貼りつけたもので同
じように挑戦します。ガム
テープを貼りつけることで風
船の動きに変化が出て一気に
難易度が上がります。まずは
1枚貼ってみて、うまくいっ
たらさらに貼る枚数を増やし
てみてください。

ぬまっちからひとこと

誰がトスしたのかわからなくならないように、トスした人は座る、後ろ
に下がるなどのいろいろなアイデアが出るはずです。時には円形を崩し
て違うフォーメーションを考えるチームもいるはず。どれがベストだと
か正解だとかではなく、**話し合って実践していくことで、チームの親密
度が高まっていくでしょう。**

ココアの川・マシュマロの橋

▶ マシュマロに見立てた4枚のマットに体のどこかが触れた状態を保ったままチーム全員がスタートからゴールまで移動する。

あらかじめ決められた条件の中で、チーム内でアイデアを出し合って、時間内にクリアすることが目標となる。チーム内で活発に話し合いができるか、実現可能なアイデアが出せるかが成功のカギに。

✔ コミュニケーションを活発にしたいとき
✔ 頭もしっかり使ったゲームがしたいとき

DATA

信頼関係 ♥♥♥
教師の体力 ★★★
対象学年 低 中 高
場所　広い教室
道具　マット、カラーコーン
人数　1チーム10人くらい
時間　20分〜

あそび方

1 ひとつのチームが10人くらいになるようにチーム分けをする。各チームに4枚ずつマットを配る。カラーコーンでスタートとゴールを決める。

2 4枚のマットを使って、チーム全員がスタートからゴールまで移動することを目指す。マットには常に誰かの体の一部が触れているようにして、誰も触れていなかったマットは使えなくなっていく。またコース内で手や足が床についた人はスタートに戻ってやり直す。

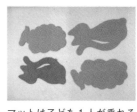

マットは子ども1人が乗れるくらいの大きさがよい。

あ!!

↑
没収

ここにはココアの川が流れています。これから4枚のマシュマロを使って全員で川を渡ってもらいます。マシュマロは誰かの手や足が触れていない状態になると川に沈んでいきます

ただの「川」と「浮島」でもいいんですが「ココアの川」を「マシュマロ」で渡っていくほうがワクワクしませんか？ マシュマロに手や足が触れていないと沈んでしまうという謎のルールも、ファンタジー感のある世界観だと「そういうものか」と受け入れやすくなります。

3 チーム全員がゴールできたらゲーム終了。

こっちのほうが速いかも！

ゴール ←

子どもの **ここに注目!**

マットをどう使って川を渡っていくのか、やり方を全員で共有していないとうまくいきません。チーム全員に「それなら成功しそう」「やってみよう」と思わせるような発案、説明をできる子が力を発揮します。

ぬまっちからひとこと

「常に誰かがマットに触れている」というルールを全員で共有できていることがポイントです。たまに理解しきれていない子がいると、マットを誰も触れていない状態にしてしまうことも。発見したときはすかさず「それ、沈んでるよ！」と指摘して、マットを没収します（笑）。**クリアできたあとも「より短い時間で渡る方法は？」と新たな課題を与えてみると、さらに盛り上がります。**

マシュマロタワー

▶ チームごとにパスタを使ってタワーを作り、できるだけ高い位置にマシュマロを置く。

ねらい

チーム内で活発なコミュニケーションを取って親密度を上げることがこのゲームの最大の目的に。自分の頭の中のアイデアを言葉で説明して、仲間に納得してもらう必要もあり、言語化のトレーニングにもなる。

こんなときにおすすめ

✔ チーム内の結束を高めたいとき
✔ 活発な話し合いをさせたいとき
✔ 課題を達成するうれしさを体験させたいとき

DATA

信頼関係　♥ ♥ ♥
教師の体力　★ ★ ★
対象学年　低 中 高
場所　教室
道具　机、イス、パスタ、ひも、テープ、マシュマロ、メジャー
人数　1チーム4～6人くらい
時間　20分～

あそび方

1　4～6人くらいのチームに分かれる。
チームごとにひとつのテーブルに集まる。

2　パスタとひも、テープを使ってタワーを作り、できるだけ高いところにマシュマロを置く。マシュマロはパスタに刺してもいいが、テープでパスタをテーブルに固定するのはNG。制限時間10分の間であれば、失敗しても何度でも再チャレンジしてよい。

子どものここに注目!

熱心にタワーを組み立てる子と、それをただ見ている子、飽きて活動に参加しなくなる子、いろいろだと思います。飽きている子には声かけを。

どうしたら立つかな

柱を増やそうか

ストップの合図があったら全員作業をやめる。各チームのタワーの高さを計って、優勝チームを決める。

もっと高く
したかったー！

進め方のコツ

ストップの合図があったときに、タワーが立っていることが記録の条件です。どれだけ早く高いタワーを作っても、人が支えていないと立たなければ記録にはなりません。

やったー！

ぬまっちからひとこと

高いタワーを作れれば、それだけチーム内は盛り上がります。「できるだけ高いタワーを作る」ことを通じて、**普段あまり会話をしない相手と話せるのが、このゲームのポイント**です。「こんなのうまくいかないでしょ？」と決めつけず、自由にチャレンジすることができるので、大人より子どものほうが高いタワーを作れることが多いです。

そうめん流し

▶ チーム全員が持っているパイプの上を伝って、さまざまな種類のボールをゴール地点まで転がす。

ねらい

チーム全員で協力して、ボールを転がしていくことを通じて、ほかの人と力を合わせて課題を達成する楽しさ、充実感を得てもらう。微細な力加減や体の動きの練習にもなる。

こんなときにおすすめ

✔ チーム内で協力してゲームをしたいとき
✔ 課題を達成するうれしさを体験させたいとき
✔ 見た目が派手なゲームをしたいとき

DATA

信頼関係 ♥♥♡
教師の体力 ★★☆
対象学年 低 中 高
場所　広い教室、体育館、校庭など
道具　パイプ、スーパーボールやピンポン玉など、ゴールの器
人数　1チーム7、8人
時間　10分

あそび方

1 7、8人くらいずつチームに分かれる。
全員がカットしたパイプを手に持ち、チームごとに横並びになる。
ゴール地点に器を置く。

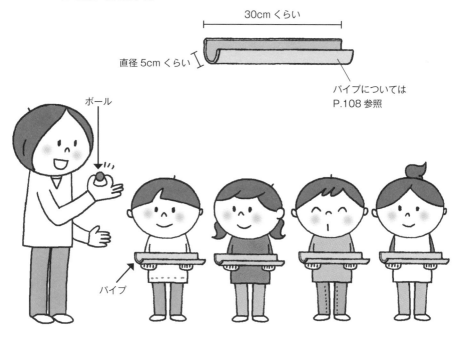

30cm くらい

直径 5cm くらい

パイプについては
P.108 参照

ボール

パイプ

2 一番端の人のパイプの上に教師がボールを置く。置かれた人は、パイプを上下に傾けてボールを転がし、隣の人のパイプにリレーする。

パイプとパイプをくっつけちゃダメだぞ

隣の人のパイプに自分のパイプの先端をつけておくと、簡単にリレーできてしまいます。パイプを浮かせた状態で、力を加減しながら隣の人のパイプにボールをリレーしていくのが難易度を上げて、ゲームをおもしろくするポイントです。

3 順にさらに隣の人へとリレーしていって、ゴール地点までボールを運べたら成功。途中でボールが落ちてしまったら、最初の人からやり直す。

進め方のコツ

ゴールはスタート地点からある程度離れたところに。全員が一度リレーしてゴールではなく、3〜4巡するくらいの距離があるとおもしろくなります。

ゴール

慣れてきたら、使う道具の組み合わせやゴールまでの長さを変えて、難易度を上げて挑戦してみる。

パイプ

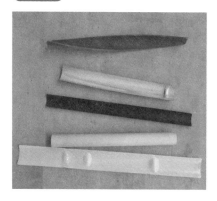

簡単…まっすぐ

難しい… 曲がっている、竹のように節がある、カーブが浅い

ホームセンターなどで売っている塩ビのパイプや竹をカットしたものを使います。パイプは理科で使うガスバーナーで加熱すると柔らかくなるので、ひねりをつけたり、竹のように節をつけたり、加工をすることで難易度を上げられます。ボクは学校の用務員の方に手伝ってもらって作りました。

ボール (スーパーボール、ビー玉、ピンポン玉など)

簡単…数が少ない　ボールが丸い　軽い

難しい… 数が多い　ボールに凹凸がある　弾みやすい　重い

ボールによっても難易度を調整できます。スーパーボールのほか、ピンポン玉のように軽いもの、ビー玉のように小さくて重いものなど各種そろえておくといいでしょう。スーパーボールも突起のあるものなど変わった形のものを集めてみてください。

ゴール

簡単…コースが短い　ゴールの器が大きい
難しい…コースが長い　ゴールの器が小さい

ぬまっちからひとこと

焦って勢いをつけて次の人にリレーすると、ボールが弾んで落ちてしまうので、隣の人のパイプに転がすときは気持ちを落ち着ける必要があります。スピード調整のコツをつかむとスイスイ進むので、**繰り返し遊んでいると、難易度を上げてもゴールできるようになります。**

PART 5

授業で使える！
対話のきっかけを
作るあそび

体を動かすものだけが学級で行うゲームとは限りません。
学級開きの時期の自己紹介、普段の授業の導入などに
教室内でできて、お互いをよく知ることにつながる
ゲームも覚えておくと学級経営の役に立ちます。

30秒ゲーム

▶ 目を閉じて、教師から指定された秒数を心の中でカウントして、カウントが終了したら手を挙げることを繰り返す。

ねらい

目を閉じて心の中で数字をカウントすることを繰り返すうちに、次第に気持ちが落ち着いていく。子どもたちがザワザワして落ち着きがないときに行うと気持ちをしずめられる。

こんなときにおすすめ

✔ 子どもたちを落ち着かせたいとき
✔ 子どもたちを寝かせたいとき
✔ 気持ちをしずめてから授業に入りたいとき

DATA

信頼関係　♥♡♡
教師の体力　★☆☆
対象学年　低 中 高
場所　教室、バスなど
道具　ストップウオッチ
人数　1人〜
時間　3分〜

あそび方

1 全員目を閉じる。はじめに「30秒経ったら手を挙げてね」と伝える。教師の「スタート」の合図で心の中で時間をカウントする。

スタート

1・2・3・4…

2 子どもは30秒経ったと思ったら静かに挙手する。
教師は実際に30秒経ったら「ストップ！」とコールする。

ストップ！ 30秒
経ちました。ほとん
どの人は30秒より
前に手を挙げてたよ

全体に落ち着きがないときは、秒数の
カウントも実際の1秒よりも速くなり
がちです。「今のカウントでは短すぎる」
ということがわかれば、次に1分カウン
トさせるときは、ゆっくり数えることを
意識するようになります。

3 同じように「1分」「1分30秒」「3分」と少しずつカウントする時間を伸ばしていく。

子どもの
ここに
注目！

はじめは実際の秒数よりも前に手を挙げていた子どもたち
が、次第に実際の秒数に近いタイミングで手を挙げるよう
になったら気持ちが落ち着いてきたということです。

ぬまっちからひとこと

このゲームは、「時間をどれだけ正確にカウントできるか」が目的のよ
うに見せかけて、**本当のねらいは子どもたちの気持ちをしずめることに
あります。**また、校外学習の帰りのバスでやると、「じゃあ次は3分！」
と進んだあたりから誰も手を挙げなくなります。みんな時間をカウント
している間に寝てしまうからです（笑）。保護者のみなさんにもこっそ
り教えてあげると、喜ばれるかもしれません!?

言うことやること

▶ 「言うこと一緒」or「言うこと反対」と「やること一緒」or「やること反対」の組み合わせをよく聞いて、指示された通りの行動をする。

ねらい

まず教師の話をよく聞かなければ、指示されている内容を理解することができない。そのため自然と集中して話を聞く姿勢ができてくる。聞いた話を頭の中で整理するトレーニングにもなる。

こんなときにおすすめ

✔ 教師の話に集中させたいとき
✔ 授業前に軽く頭の体操をさせたいとき

DATA

信頼関係　♥♡♡
教師の体力　★★★
対象学年　低 中 高
場所　教室、体育館など
道具　なし
人数　1人〜
時間　5分〜

あそび方

1 隣の人と左右ぶつからない程度の距離をあける。教師の言っている内容をよく聞いて、右か左の該当する方向を言いながら1歩ジャンプする。

言うこと一緒、やること一緒、右

みーぎ！

右にジャンプ

言うこともやることも一緒なので、「みーぎ！」と言って右に一歩ジャンプする。

言うこと一緒、やること反対、右

みーぎ！

左にジャンプ

言うことは一緒だけれど、行動は逆にしなければいけないので、「みーぎ！」と言って左に一歩ジャンプする。

言うこと反対、やること反対、右

ひだり！

左にジャンプ

言うことが逆で、行動も逆にしなければいけないので、「ひだり！」と言って左に一歩ジャンプする。

2 同じように教師の発言内容に合わせて繰り返していく。
一度も引っかからずに、正しい行動を続けることを目指す。

言うこと反対、やること一緒、左

みーぎ！

みーぎ！

ひだり！

子どもの ここに 注目！

そのうち「自分もみんなに指示を出す役をやりたい！」
という子が出てくるかもしれません。子どもに役割を
ふってみてもいいでしょう。このゲーム、指示を出すほ
うは自分がこれから出す指示の正しい行動を把握しておかないといけ
ません！　指示を出す役も頭の体操になりますよ。

ぬまっちからひとこと

これも「楽しくゲームをするうちに、人の話を聞く姿勢になってしまう」
というものです。さらにこのゲームには脳トレ的な要素も。子どもは何
度かやるうちにパターンがわかってくると思います。保護者が集まる学
校公開行事などの際に大人と子どもで一緒にやってみると、大人のほう
ができない！という状況になって、盛り上がるかもしれません。

ストーリーリレー

▶ チームごとに3分間でおおよその物語と結末を決めて、一文ずつリレー形式で書き、あらかじめ決めた結末に向けて物語を進める。

ねらい

同じゴールを目指しているはずなのに、何人かで手分けして書くと思いもよらないような文章が出てくる。そのことを「思ったように進まない」と怒るのではなく、人と人が協力することで予想外の結果になるおもしろさを感じてもらう。

DATA

信頼関係 ♥♥♡

教師の体力 ★☆☆

対象学年 低 中 高

場所 教室

道具 原稿用紙、筆記用具

人数 1チーム3、4人

時間 45分

こんなときにおすすめ

✔ 人それぞれ違う考えを持っていると実感してほしいとき
✔ 別々の考えが交じることで起きる化学変化を知ってほしいとき

あそび方

1 1チーム3、4人ずつくらいに分かれ、制限時間3分でこれから書く物語のジャンル、おおまかな話の流れ、結末、主人公の名前やキャラクターを決める。

進め方のコツ

最低でも「結末」と「主人公の名前」は決めておきたいです。3分間で決めてほしい項目と決まったことを書き込めるプリントを各チームに配ってもいいかもしれません。

主人公はカエルにしよう

じゃあ結末はカエルが空を飛ぶのはどう？

2

3分経ったら、決めた内容に沿って一文ずつ交代で物語を書いていく。

「カエルが空を飛ぶには…」

進め方のコツ

一文書いたあと、次に自分の順番が回ってくるまで時間があるので、その間は読書をするなど待ち時間にやることも設定しておきましょう。待っている間にほかの人が書いている原稿用紙をのぞきこむのはNGです。ストーリーが読めるのは自分の順番が回ってきたときだけ。

10分経過。残り時間20分です

書き始めてから結末にたどりつくまでの時間は30分くらいに設定しておくといいと思います。時間の目安がわかるように10分ごとに告知します。残り時間5分切ったら、1分ごとに告知を。

3

結末まで書き終えたら、完成した物語を読んでみる。

ぬまっちからひとこと

ふざけたがる子がチームにいると、物語の序盤なのに主人公が死んでしまったりします（笑）。ほかにも「海の話だよ」とみんなで相談したはずなのに、突然山が出てきたりする。**全員同じ結末に向かっているはずなのに、そこまで向かう道順がそれぞれ違うことがわかる**のがこのゲームのポイント。「人はみんな考え方が違うんだよ」と教科書を使ってもなかなか伝わりませんが、こういう楽しいゲームを通じて実感してもらいたいと思います。ストーリーの中で起こったトラブルをどう回収して、結末に向けて引っぱっていくかも頭の使いどころになるでしょう。

PART5 授業で使える！ 対話のきっかけをつくるあそび ストーリーリレー

数字当て

▶ お互いに3桁の数字を設定。相手から返ってくるヒントを元に相手が設定した数字を当てたら成功。

与えられた条件から3桁の数字を推測して当てるという論理的思考力が求められるゲーム。デジタルゲームのようにコンピュータとの勝負ではなく、よく知っているクラスメイトとの勝負なので目の前の相手の顔色を読むおもしろさも感じられる。

✔ 与えられた条件から答えを導き出すおもしろさを感じてほしいとき
✔ 対面で行う勝負のおもしろさを感じてほしいとき
✔ 算数の授業に入る前の頭の体操として

DATA

信頼関係 ♥ ♥ ♥
教師の体力 ★ ★ ★
対象学年 低 中 高
場所 教室
道具 紙、筆記用具
人数 2人〜
時間 20分

あそび方

1 2人組になり、向かい合って座る。
0〜9の数字を1回ずつ使った3桁の数字を考え、
相手に見えないように紙に書いて伏せる。

2 じゃんけんなどで先攻後攻を決める。先攻から相手の数字を予想して答える。
答えられたほうは、予想された数字と紙に書いてある数字を比べて、
位置も数字も合っている数字の数は「ヒット」、
位置は違うが使われている数字の数は「ブロー」で伝える。

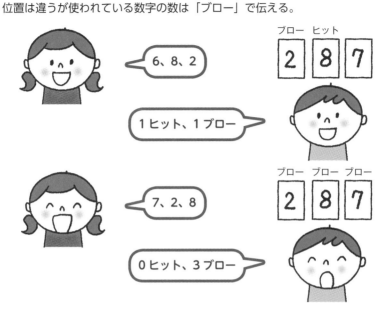

ブロー　ヒット
`2` `8` `7`

6、8、2

1ヒット、1ブロー

ブロー　ブロー　ブロー
`2` `8` `7`

7、2、8

0ヒット、3ブロー

3 同じことを後攻も行う。これを繰り返し、相手の数字を3桁すべて当てられたら成功。

2、8、7！

3ヒット！

ぬまっちからひとこと

一発で相手が設定した数字を当てるのは運の問題ですが、返ってきた答えから条件を整理して予想をつけていくのは論理的思考力が試されます。しかも、コンピュータではなく生身の相手との対戦なので、目の前の相手の表情を見ながら駆け引きをするという要素も。デジタルゲームとは違ったいわゆるアナログゲームのおもしろさも感じることができるのではないでしょうか。数字を4桁にするとさらに難易度がアップ！

タブーワード

▶ カードに書かれた言葉を、「タブーワード」に指定されたキーワードを使わずに説明して、相手に当ててもらう。

ねらい

タブーワードに設定されたよく使いがちな言葉を封じられることで、それ以外の言葉や表現を探して説明をすることに。結果的に自分の中で「使える言葉」が増えて、表現の幅も広がっていく。

こんなときにおすすめ

✔ 語彙を増やしてほしいとき
✔ 言葉、表現に対するアンテナを広げてほしいとき
✔ 国語の授業に入る前の導入として

DATA

信頼関係 ♥ ♥ ♥
教師の体力 ★★☆
対象学年 低 **中** 高
場所 教室
道具 タブーカード
人数 3人〜
時間 10分〜

あそび方

1 子どもたちみんなが知っている単語をテーマとし、その下に「タブーワード」として、その単語を説明するのによく使われる単語を3つ書いたカードを作っておく。

2 2人1組のペアを作る。
単語を説明する人と当てる人に分かれ、説明するほうはカードを引いて、カードに書かれている単語をタブーワード以外の言葉を使って説明する。

進め方のコツ

例えば単語に「コーヒー」を選ぶなら、タブーワードとしては「黒」「飲み物」「にがい」あたりが妥当でしょう。テーマにする単語は、遊ぶ学年によって調整してください。「徳川家康」「北海道」など教科書に出てくる言葉でもいいですし、学校にあるもの、ブームになっているものなど……。そのうちに子どもたちが自主的に新しいカードを作ることも。

[テーマ]
コーヒー
[タブーワード]
・黒
・飲み物
・にがい

3 3分間でよりたくさんの単語を当てることができたら成功。

香りとコク！

缶入りもあるよ！

牛乳を入れると
おいしい

進め方のコツ

ゲームをしているペア以外の
人で、単語を説明するのにタ
ブーワードを使っていないか
カードを見て確認するチェッ
ク係を決めておくといいで
しょう。

ぬまっちからひとこと

ボクのクラスでは作文の授業でもNGワードを設定して書いてもらうこ
とがあります（P.145）。**よく使う言葉を封じられると、それまで使っ
たことがない新しい言葉、言い方を探すものです。**すると自然と使える
言葉が増えていく。言葉の貯金が増えれば、誰かに向けて話をするとき
にも、文章を書くときにも役に立ちます。

PART5 授業で使える！ 対話のきっかけをつくるあそび タブーワード

自分のトリセツ

▶ 電化製品の取扱説明書のように、自分を家電に見立てて、長所や短所、気をつけてほしいことを客観的な文章で書いていく。

ねらい
自己紹介で自分の長所や短所を伝えようとしても簡単には思いつかないことも多く、話しづらいこともある。トリセツという形式にすることで、自分のことを客観的に見られ、伝えやすくもなる。

こんなときにおすすめ
✔ 学級びらきの時期に
✔ お互いのことをよく知ってほしいとき
✔ 自分のことをよく理解してほしいとき

DATA

信頼関係 ♥♥♥
教師の体力 ★★★
対象学年 低 中 高
場所 教室
道具 紙、筆記用具
人数 2人～
時間 45分

あそび方

1 「使い方」「困ったときは」「適応年齢」など
電化製品の取扱説明書によく書いてある項目を紹介する。

進め方のコツ

「使い方」→「自分の特徴」、「困ったときは」→「機嫌が悪くなったり、元気がなくなったときの対処法」、「適応年齢」→「つきあいやすい人の年齢」ですね。ほかにも「使う人にお願い」などもいいかもしれません。中学年、高学年であれば、項目だけ紹介して、あとは自由に書かせたほうがおもしろいものができあがります。低学年は項目を書いたプリントを作り、そこに記入させるとわかりやすいと思います。

2 クラス全員に「自分のトリセツ」を書いてもらい、順番に発表していく。

人の目が多い場所では、使用しないでください。
動かなくなることがあります

燃料を入れすぎると、
眠たくなるおそれがあります

宿題をなかなか開始しないときは、
遊びが終わるまでお待ちください

1週間に1度はチョコレートや
ケーキを与えてください

それって
どういうこと？

自分のことを電化製品に例えているので、「起動には時間がかかります」などのように、時には「どういう意味かな？」と首をひねるような表現が出てきます。そんなときは「どういうこと？」と教師から質問を。「朝起きて動き出すまでに時間がかかります」と答えが返ってきたときは「そういうことか！」など反応を忘れずに。

ぬまっちからひとこと

以前、「対象年齢」に「40歳まで」と書いた子がいて、「どうして40歳なの？」と聞いたら「ぬまっちの年齢だよ！」と言われました。誕生日が来たら適応年齢から外れちゃうんだけど……と思いましたが（笑）。小さい子が好きな子は「3歳〜」と書くし、小さい子が苦手だと自分の同じ年の「10歳〜」になっているし、「対象年齢」ひとつとってもそれぞれの感覚がわかっておもしろいです。単に**「自己紹介して」だけでは**わからないような深いことまでいきなり説明できてしまい、聞いているほうもどういうことなのか当てるのが楽しい自己紹介ツールです。

PART5 授業で使える！ 対話のきっかけをつくるあそび 自分のトリセツ

121

自分グラフ

▶ 縦軸が「心の強さ」、横軸が「時間」になっているグラフ用紙に、自分自身はこうだと
思うグラフを書き込んで自分を知ってもらう。

ねらい

言葉だけでは自分を表現しづらい子も、グラフ化することで自分のことを知ってもらうことができる。子ども自身が自分のことをどう思っているか、どう見られたいかを知ることもできる。

**こんなときに
おすすめ**

✔ 学級びらきの時期に
✔ 言葉以外のツールを使った自己紹介をさせたいとき
✔ 子どもたちのことをよく知りたいとき

DATA

信頼関係 ♥ ♥ ♥
教師の体力 ★ ★ ★
対象学年 （低）中 高
場所 教室
道具 グラフ用紙、筆記用具
人数 10人〜
時間 5分〜

あそび方

1 縦軸が「心の強さ」、横軸が「時間」になっているグラフ用紙を作り、人数分プリントする。

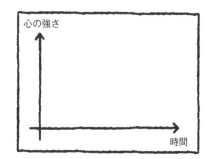

2 クラス全員にグラフ用紙を配り、自分自身の心の動きをグラフ化してもらう。

人見知りタイプ	ほぼ一定タイプ	しつこいのが苦手タイプ
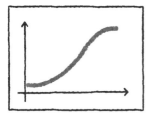	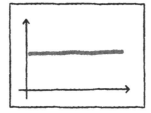	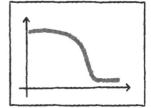

3 全員が書けたら、
グラフについて発表してもらう。

私は人見知り
なのですが……

子どもの ここに 注目！

大人でもそうですが、みんな自分のことを正しく把握できているわけではありません。教師から見て「そんなに心が強くないのでは？」と思うような子のグラフが高めの位置からスタートしていることも。でも、それに対して「そうじゃない」と指摘する必要はありません。自分のことをわかっていないこともありますし、自分でわかっていながら「こう見られたい」という気持ちで書いていることもあるでしょう。本当の自分と表向きの自分とでギャップがあることも含めて、子どもそれぞれの理解に役立ちます。

ぬまっちからひとこと

このグラフ、どういう形ならいいとか正解だとかはありません。**「私はこういう人間です」とまわりに伝えることがグラフを書く目的**です。このグラフを使って「私、人見知りなんです。でも5月くらいになったら大丈夫になると思います！」と話す子もいます。でも、そんなふうに自分のことを理解して表現できるのであれば、人見知りもうまく乗り越えていけそうですよね。子どもたちに自分を知ってもらううれしさやおもしろさを感じてもらえたら十分だと思います。

テーマトーク

▶ 勝ち負けのないテーマで「自分はどれを選ぶか」「自分はどういうタイプか」とその理由をそれぞれ発表して、ディスカッションを楽しむ。

正解はなく、家庭や個人によって選択が違うテーマについて、それぞれの選択や思いを発表することで、自分の感覚がすべてではないこと、自分とは違う感覚を持つ人がいることを知るきっかけにする。

✔ ディスカッション力を鍛えたいとき
✔ さまざまな子に発言の機会を与えたいとき
✔ 世の中にはいろいろな考え方があると知ってほしいとき

DATA

信頼関係 ♥♡♡
教師の体力 ★★★
対象学年 低 **中** 高
場所 教室
道具 なし
人数 5人〜
時間 5分〜

あそび方

1 朝の会や特活の時間、授業の導入時間などに教師から子どもたちに向けて「ショートケーキのいちごはいつ食べるのがいいと思う？」とテーマを振る。

あのさ、みんなに聞きたいんだけど、ショートケーキのいちごっていつ食べる？

ショートケーキの
いちごはいつ食べる？

ボクがテーマを振るときはだいたいこんな感じです。「今からみんなでディスカッションをします」など言わず、雑談の流れでテーマを話す。これでいいんです。

2 自由にそれぞれの思いや理由を話してもらい、板書していく。ひととおり意見が出たら、反論なども聞いていき、それも板書する。

進め方のコツ

正解のないトークは普段意見を言わない子をあてるチャンスです。誰でも何か発言ができる内容なので。すでに出た意見に納得できない顔をしている、うなずいているなど何か反応しているのがわかったら「どう思う？」とあててしまいましょう。

3 あらかじめ決めておいた時間が来たらトークを終了する。

進め方のコツ

時間についてはあらかじめ「3分ね」「今日は15分で」など宣言しておきます。スタートと同時にタイマーをかけておいて、アラームが鳴ったらそこで強制終了。子どもたちが「もっと話したい！」と言うようなら「続きはまた明日やろう」。これが習慣化してくると「朝はトークの時間があるから早く行こう」となる子も出てきます。

ぬまっちからひとこと

ボクがこの答えのないテーマトークを通じて子どもたちに知ってほしいのは「**自分の思っていることが世の中の常識ではない**」「**いろいろな感覚の人が世の中にはいる**」ということ。もし将来世界に出たときに、自分とは違う感覚や習慣を持つ人に対して「えー、ありえない!!」と言ってしまったら、相手は否定された気持ちになって親密になりづらい。「へーそうなんだ」と受け入れられる人になってほしいのです。だから教師もどんな意見が出たとしても「えー、何それ!?」とは反応せず、「そうなんだ」「どうしてそうするの？」とフラットな返しをしてください。

こんな
テーマが
盛り上がる！

テーマトークの話題は「正解や模範解答がないもの」「家庭・個人によって違いが出やすいもの」ならなんでもいいです。ただし、盛り上がるかどうかもテーマにかかっているので、「良質なネタ」の提供が重要になります。教師は「自分はこうしてる」は言わず、子どもたちからコメントを引き出す MC に徹しましょう。

目玉焼きはどこからどう食べる？

「白身をカットしながら食べて、最後に黄身を食べる」「まず黄身をつぶして黄身から食べる」「ケーキみたいに 4 分の 1 に切って白身と黄身を同時に食べる」などいろいろ出てきます。「なんでそうやって食べるの？」と聞いていると「その食べ方は黄身のおいしさが半減する！」と異論を唱える子が現れるはずです。みんなそれまでは「自分の食べ方が常識だ」と思っているので反応がおもしろい。そこから「目玉焼きには何をかけて食べる？」にも発展させることができます。

焼き肉とごはん、どう食べる？

「たれをつけた肉をごはんの上にツーバウンドくらいさせてから口に入れて、肉が口の中にある間に米も食べる」「焼き肉でごはんを巻いて食べる」「先にごはんを口に入れてから、たれをつけた肉を一緒に食べる」などが代表的なパターンです。そこからさらに「そもそも肉を焼きながらご飯を食べない。最後にビビンバを食べるから」と「ごはんを食べるタイミング」について話が広がることも。✎ごはん派の人は「普段、ごはんはふりかけをかけて食べることが多い」という説まで出てきます。

ショートケーキのいちごは どのタイミングで食べる？

「最初に食べる」「先端から食べていちごが乗っていると
ころまできたときに食べる」「よけておいて最後に食べ
る」の3つに分かれることが多いです。理由を聞くと「最
後に食べるといちごが酸っぱく感じる」「乗せてある場所に意味があると思うから」
「最後に食べるとクリームでこってりした口の中がさっぱりする」などそれぞれに納
得させられるものが出てきます。うちのクラスでは「先端から食べないで、クリー
ムがたくさんついている円周部分から食べると、いちごのさっぱり感とクリームの
甘味をちょうどよく感じながら食べ終われる」という結論になりました。

歯はどこから磨く？

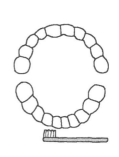

小学生になると特に何も考えず磨き始めてると思う
んですよ。右利きか左利きかでも違いはあるでしょ
うけど、「左上の奥歯から」「上の前歯から」「左下
の奥歯から」と、結構みんな違うところから磨き始
めてる。どうしてそこから磨くのかを分析するだけでなく、どこから磨くと効率よ
く磨けるのかクラスとしての結論まで話し合うと盛り上がるでしょう。

お風呂に入ったらどこから洗う？

「髪から洗う」人もいれば「顔から洗う」人も。体を洗うにも「腕から」「足から」「背
中から」と、かなりパターンが分かれるはずです。みんな習慣になって当たり前の
ようにやっているのですが、いざ理由を聞いてみると、「先に体を洗って髪を洗うと、
髪の汚れが体について効率が悪い！」など自分なりの理由、こだわりが見えてきま
す。ボクらが子どもの頃は「まず湯船に入る」という人も多かったですが、最近は「湯
船に入る前に体を洗う」という考えが浸透しているのを感じます。

おせち料理は必要？

冬休み前後にやってほしいテーマです。子ど
もはおせち料理をそんなに喜ばないですよ
ね。だったら必要ないのかと聞くと「日本の
文化だから守る必要がある」という意見を言
う子が出てくる。じゃあ、そもそもおせち料理って何なのか、何のために食べるのか。
それぞれの料理にどんな意味があるのかまで広げていける。「おせち料理の中でどれ
が好き？」と聞いていくと、家庭によっておせちの中身の違いがあるのも見えてく
るはずです。『なんでもプロジェクト』（P.160）のひとつとして、おせち料理につ
いて調べるプロジェクトができあがるかも !?

バスタオルはどうやって使う？

これと「靴下をどうたたむか」は家庭によってかなり差が出ます。「家族全員に自
分専用のバスタオルがある」家庭と、「家族全員で1枚のバスタオルを使う」家庭
に大きく分かれます。「自分専用のバスタオル」がある子から見ると「家族全員で1
枚のバスタオルを使う」家庭は信じられないだろうけど、お互いを否定する流れに
ならないように教師がフォローに入ってください。このテーマで「そういう家庭も
あるんだな」とお互いに受け止めることができれば、さらに深いテーマでも話せる
ようになるでしょう。

脱いだ靴下のにおいはかぐ？かがない？

クラスの親密度が高まって、ディスカッションにも慣れてくると、こんな深いテー
マでも話し合うことができます。さすがに最初は男子が中心になって盛り上がりま
すが、そのうち勇気のある女子が「私は〜」と発言することも。また、教室を見渡
していると、おとなしめな女子が男子の発言に大きくうなずいているかもしれませ
ん（笑）。このテーマトークでの発言で、後からいじられたりいじめられたりするこ
とがない。クラス内に信頼関係ができているという証拠だと思います。

PART **6**

授業で使える！論理的思考力がつくあそび

ゲームは学習と結びつかないレクリエーションとは限りません。
授業で教えたいことも、人として学んでほしいことも、
ゲーム化することで子どもが積極的に取り組んでくれます。
ボクが実際に行っているゲーム的な授業、活動を紹介します。

Take2 テ イ ク ツ ー 全教科

▶ 発言した内容を訂正したい、再挑戦したいときに、映画やドラマの撮影で NG を出したときのように、もう 1 度最初からやりなおすもの。

ねらい

自分の答えが合っている、受け入れられると思えないと手が挙げられない子どもも多い。もし答えを間違えても「Take2」を申し出れば言い直せるとわかっていれば、手を挙げて発言することの心理的ハードルを下げることができる。

こんなときに おすすめ

✔ できるだけ多くの子に発言をしてほしいとき
✔ 決まった子しか手を挙げていないとき
✔ 「間違っても直せばいい」と伝えたいとき

DATA

信頼関係 ♥♥♡
教師の体力 ★★☆
対象学年 低 中 高
場所 教室
道具 なし
人数 1人〜
時間 1分

あそび方

1 教師の質問、投げかけに対して挙手をして答える。

2 うまく答えられなかった、答えが間違っていたなどで、もう一度答え直したいと思ったら「Take2 お願いします」と言う。

Take2
お願いします！

Take2 いく？

しくみが浸透するまでは、子どもから言い出すのは難しいかもしれません。そんなときは教師のほうから「今の答えでいい？　Take2 いく?」と促してあげてください。

3 まわりの子は「よーい、アクション！」と声をかけるなどして、Take2 に挑戦する子を応援する。

ボクたちの班は〜

がんばれ

子どもの
ここに
注目！

最初のうちは教師から「はい、Take2 どうぞ」などかけ声をかけることになりますが、そのうち子どもたちの中から「はい、Take2 いきます。よーい、アクション！」と監督役になりきる子が出てきます。さらに発展すると撮影現場で使うカチンコを手作りしてくる子も。そうなると「Take2」で発言する子もまわりも楽しいですよね。

ぬまっちからひとこと

「間違ってもやり直すチャンスがある」ということを楽しく実践させたくて考えたのが、映画やドラマの撮影のように「NG を出したら Take2 をやる」という形でした。みんなで「Take2」に挑むことで、「やり直し」の時間は発言する子だけのものではなく、ほかの子も一緒に楽しむことができます。

PART6　授業で使える！　論理的思考力がつくあそび　Take2（全教科）

「間違えても大丈夫」と思える環境づくりを

教師から質問される→正解がわかる人が挙手する→教師にあてられる→正解を答える→授業が次に進む。そんな流れが授業の定番です。手を挙げた人は教師が求めている答えを言うのが前提で、答えを間違ったときは「違います」と言われて終わりでは、間違えた子は二度と手を挙げたくなくなりますよね。

また、本当に答えがわからないのではなく、「間違えたときに恥ずかしいから」という理由で手を挙げない子もいます。だからこそ教師は普段から「間違えても大丈夫」という環境を作っておくことが大切なんです。

ボクの場合は、手を挙げている子もあてますし、手を挙げてない子もバンバンあててしまいます。そうすると「どうせ挙げてなくてもあてられるし」と手を挙げる子が増えてくるんです。さらに「もし間違えてもTake2でやり直せる」とわかっていれば、間違えを恐れず発言ができます。

間違えを恐れて凝り固まってしまうより、一人ひとりの自由な発想を大切にしてほしい。そのためにも「何でもあり」という姿勢を見せておくことがボクの「MC型授業」では欠かせないものです。

子どもから「正解」を引き出すことが目的ではない

いいね！

ボン

それをもう1回
言ってみて

　多くの授業で、子どもに手を挙げさせるのは「正解」を求めているときですよね。でも、正しい答えに早くたどりつくことだけを子どもたちも求めているわけではないとボクは思います。

　途中でとんでもないアイデアが出てきて、みんながそっちに引っぱられたり、まったく別の切り口から攻めてくる子がいたり、みんなでいろいろなアイデア・候補を出し合って「ああでもない」「こうでもない」と考える過程こそが、集団で学ぶおもしろさではないでしょうか。

　だからこそ思いもよらない発言が出てきたほうが、学びとしては深くなる。手を挙げていない子がボソッとつぶやいたことでも、「おもしろいな」と思ったら「何それ!?」と拾って広げていきましょう。大きな声を出せる子だけでなく、声の小さい子の発言もしっかり聞いて拾っていく。そこが教師の腕の見せどころです。

U2 算数

ユーツー

▶ 10×10のマスと縦と横の1列目に1〜9の数字が書かれた用紙に、2分以内を目標に足し算またはかけ算の答えを埋める。

ねらい

タイムトライアルによって「目標タイムを切る」という喜びや成功体験に。ライセンス制度を導入することが最初の動機づけになり、ただ暗記させるよりも、子どもたちが自主的に楽しみながら足し算、かけ算を覚えることができる。

✓ 足し算、かけ算を覚えさせたいとき
✓ 計算力をアップさせたいとき
✓ 小さな成功体験を積ませたいとき

DATA

信頼関係 ♥♥♡
教師の体力 ★★☆
対象学年 低 中 高
場所 教室
道具 用紙、筆記用具、ストップウオッチ、マイク
人数 1人〜
時間 5分

あそび方

1 10×10のマスを作り、一番上の行と一番左の列に1〜9の数字が記入された紙を用意する（子ども自身に記入させてもよい）。空いたマスはそれぞれに一番上の行に書かれた数字と一番左の列に書かれた数字を足し算した答え、またはかけ算した答えを書いていく。

進め方のコツ

最初のうちは縦横1列目に入る数字を1〜9の順で書きますが、慣れてきてほとんどの子が2分を切るようになったら数字の並びをランダムに。これを『RU2（ランダムU2)』と呼んでいます。

足し算

	1	2	3
1	2	3	4
2	3	4	5

かけ算

	1	2	3
1	1	2	3
2	2	4	6

2 用紙を配り、スタートの合図とともに、足し算またはかけ算の答えを
マスに記入していく。

3 すべて答えを書き終えた人から「終わりました！」と宣言。
教師はその時点でのタイムを読み上げる。

終わりました！

間もなく2分です。
57、58、59、2分！

『U2』は「Under 2minutes」の略。
つまり「2分以内」ですべてのマスを
埋めることが目標です。いきなり「は
い2分です！」と宣言するのでなく、
『F1』やマラソンの実況中継のように
時間を読み上げてみると子どもたちの
気分も盛り上がります。

ぬまっちからひとこと

九九を覚えるのに、暗唱させるのをやめて『U2』を取り入れたところ、
**子どもたちが楽しみながら自主的に計算問題に取り組むようになりまし
た。**『U2』をやるときは雰囲気づくりが大事。BGMはF1のテーマソ
ングでおなじみのT-SQUARE『Truth』。教師はヘッドセットマイクを
装着して実況担当になりきりましょう。目標タイムを切った子にはライ
センスを作って渡すなど、とことん世界観を作るのが成功のカギ。

宿題は「『U2』やってから」と言い出す子に親もびっくり！

『U2』はクラスで毎日やって、採点も子どもどうしでさせていました。「家で練習したい」という子が現れたので、用紙を持ち帰って家でも練習できるようにしたら、みんな毎日ものすごい量を持っていくようになりました（笑）。夏休み中も練習したいと言うので、2000枚印刷したら1日で足りなくなって、さらに1200枚追加したことも。あまりにも消費が早いので練習用は裏表に印刷するなどしています。

子どもたちがそれだけ練習するのは、ある程度までは努力しただけの結果が出るところにあると思います。5年生でタイムが1分を切った子がいて、聞いてみたら家で3日連続50枚練習してきたんだそうです。

ずっと2分を切れなかった子も、毎日5枚練習するのを1か月続けたら、ボクが規定タイムにしている1分20秒を切れるようになった。規定タイムを切った子はごほうびに写真撮影をしています。その写真はクラスの保護者に見せています。

ある保護者からは、「うちの子、家でずっと『U2』をやり続けてるんですけど、大丈夫ですかね……？」と相談されたことがあります。「塾の宿題をやりなさい！」と声をかけたら、「ちょっと待って！ 1回『U2』やってからでいい？」と言われたと。

子どもは勉強ではなく、ゲーム感覚で取り組んでいるということですよね。保護者の方にも「家で勉強し続けてるって、悩みどころか自慢ですよ？」とお答えしました。

ぬまっちのクラスエピソード

『U2』をがんばったら
計算ミスがなくなった!?

宿題の前にやってしまうほど、子どもにとって『U2』は遊び感覚でできるもの。なので、ボクのクラスでは昼休みにも「『U2』やろうぜ！」と子どもだけでやっている姿があります。

『U2』を繰り返しやることで、当初の目的だった九九や足し算が覚えられる以外にも副産物がありました。計算ミスが減ったんです。計算が速い子は、手と目と頭がそれぞれ違う動きをしています。手で答えを書きながら、目は答えを書くのとは違うマスを見て次の問題を解いている。脳がフル回転している状態ですね。ただ計算ミスを減らすための計算問題をやらせていても、うまくはいかなかったと思います。

子どもたちも最初のうちは2分切ったときのライセンスがほしいとか、親にアイスを買ってもらえるとか、ごほうび目的にやっていますが、やがて自分がどれだけタイムを縮められるかという目的に変わっていきます。『U2』は自分が練習した用紙を家にとっておけばトレーニングが可視化できます。そしてやった分だけタイムが速くなっていく。結果が出るからよりがんばろうと思えるのでしょう。

1年生の場合は『U2』をかけ算でなく、足し算の答えを書き込む形にしています。1年生のときに担任していた2年生が、次の年にボクが担任していた5年生の教室に遊びに来て「久しぶりに『U2』やりたいな」と言ったことがありました。それで「5年生に勝負してもらったら？」と言って、2年生対5年生でやらせてみたんです。すると2年生に5年生が負けたりする。そうなるとプライドに火がついた5年生はさらに練習に励むようになるんです。お互いにプラスですよね。

PART6 授業で使える！　論理的思考力がつくあそび

ぱっつん 国語

▶ 国語の文章題テストを上下でカットして、問題部分のみを配り、文章を読まない状態で
答えを考えさせる。最後に文章を渡して答え合わせをする。

国語の文章題で「文章をよく読みなさい」と言っても、
読まずに答えてしまう子が多い。文章を見ずに答えを
考える経験を通して、文章から多くの情報を読み取れ
ることを実感してもらう。

✔ 読解力をつけたいとき
✔ 文章をじっくり読む力をつけたいとき
✔ チームでの話し合いをさせたいとき

DATA

信頼関係 ♥ ♥ ♥

教師の体力 ★ ★ ★

対象学年 低 中 高

場所　教室

道具　国語の文章題テスト、
　　　筆記用具

人数　1グループ5人くらい

時間　30分

あそび方

1 1チーム5人程度のグループに分かれて、チームごとに座る。

2 あらかじめ国語の文章題テストを上下でカットしておき、問題と回答欄のみの下部
分を1人1枚配る。

ヨ 文章がわからない状態で答えを考え、解答欄に書き込む。20分経ったら文章が書かれたテスト用紙の上半分を配り、10分で再び答えを考える。

きっとみんな「わかんねー!」「何これ!」と大騒ぎしながら問題を解いていくでしょう。普段のテストでは見られない状況です。でも、そのうち「こういう質問をするのは、こういう文章だからじゃない?」「いつものテストのパターンだとこうだ」と回答に近づくアイデアを出す子が出てきます。

ぬまっちからひとこと

子どもは「ダメ!」と禁止されると逆にやりたくなるもの。「文章題の文章を読みたくても読めない」という状況で問題に取り組ませると、限られた情報から答えを出そうと必死に考えます。がんばって解くからこそどんな文章なのか読みたくてしかたなくなる。そして、最後に文章を配ると、なぜか模範解答を見せられたような感動を覚えるんです(笑)。しかも、問題をじっくり読むだけでも正解していたりもする。「ぱっつん」を繰り返すことで、**文章をしっかり読めば答えが導けることを学んでいくのです。**

「掃除しちゃダメ！」で掃除が5分で終わるように

　子どもは「ダメ！」と禁止されるほどにやりたくなる。この性質を使ってボクがやっているのが「ダンシング掃除」です。音楽を3曲流している間に掃除を終えるというものですが、ただ音楽を流しているだけでなく「サビの部分では全員掃除をやめて踊る」というルールにしています。

　この「掃除ができない」という禁止の時間があることで、「掃除したい！」という気持ちが高まります。そして掃除が早く終わると、昼休みに外で遊ぶ時間が増えます。「掃除を早く終わらせるといいことがある」ということが理解できると、子どもたちが自発的にサビ以外の時間で効率よく掃除が終わるように工夫していきます。

　なお、ボクは掃除にあたって「ほうき係」「ぞうきん係」のように役割分担はしていません。役割分担をすると自分が与えられた係の仕事しかやらなくなってしまうからです。全体を見て、今やるべきことを判断して、みんなで協力したほうがずっと早く終わる。3年生以上なら、「ほうきではいて！」「○○さんは机を動かして！」とリーダーシップを発揮して指示を出す子が現れるでしょう。

ぬまっちのクラスエピソード

自主的にやりたくなるしくみを考えるには？

これから作文を書きます

えー！！

どうしたらやりたくなるかな…

「やりなさい」と言わなくてもやりたくなってしまうしくみには、「禁止」する以外の方法もあります。ボクは日本アロマ環境協会のインストラクター向け講座でも講師をさせてもらう機会があります。インストラクターさんたちは、たくさんの人にアロマオイルのいいにおいをたくさんかいでもらいたい。どうしたら「何度もにおいをかぎたくなる」シチュエーションを作れるでしょうか？

「いいにおいだからかいでください」と、オイルが染み込んだ紙を何種類か渡したとしても、かいでくれるのはせいぜい1、2回でしょう。そこでボクが考えたのは「これは何のにおいかあててください」とクイズ形式にすること。「においあてクイズ」をやると、インストラクターさんたちですら何度も何度も一生懸命においをかいでいます。人によってはひととおり講義が終わってクロージングの時間になってもまだかいでいる（笑）。

「ぱっつん」や「においあてクイズ」と同じように、子どもたちにやってほしいことがあるなら、どうしたら子どもたちがそれを自主的にやりたくなるのか、やる理由が生まれるのか。それを考えてみる必要があります。

PART6 授業で使える！ 論理的思考力がつくあそび ぱっつん（国語）

ドラマチック作文 国語

▶ 「"カップラーメンの作り方"という無機質な文章を、ドラマチックなラブストーリーに書き換える」というお題で作文を書く。

ねらい

作文が苦手な子、嫌いな子もワクワクする題材を与えることで、子どもたちを「作文を書きたい」状態にさせる。できるだけ「作文のお題」としては一般的ではない、かつ現実の生活や世の中とつがなるような題材がよい。

こんなときにおすすめ

✔ 作文への苦手意識をなくしたいとき
✔ 文章力を伸ばしたいとき

DATA

信頼関係 ♥♥♥
教師の体力 ★★★
対象学年 低 中 高
場所 教室
道具 作文用紙、筆記用具
人数 1人〜
時間 45分

あそび方

1 市販のカップラーメンの作り方の説明書きを見せて、「これを超ドラマチックなラブストーリーに書き換えてください」とお題を出す。

カップラーメンの作り方

1. フタを半分だけ開けて粉末スープとカヤクを入れる。

2. 沸騰したお湯を入れてフタを閉め3分待つ。

3. 麺をよくほぐす。

進め方のコツ

「作り方」は、教師が書いたものを見せるのではなく、本物のカップラーメンの説明書き部分を見せるようにするとより現実とつながります。家庭でカップラーメンの空き袋、空き容器があれば持参してもらっても。

2 それぞれ自由に作文を書き、終わったらおもしろかった作品を紹介する。

「原稿用紙何枚まで」などの制限は特につけません。普段作文が苦手な子も、このお題のときは原稿用紙5、6枚くらいすらすら書いてしまうことも。

ぬまっちからひとこと

10年以上前からやっている作文ですが、毎回名作が誕生します。大人が文章を書くのは、仕事の書類やメールなど基本的には「書きたいことがあるとき」だけですよね。SNSやブログで発信している人だって、何か書きたいことがあるから書いているのでしょう。子どもも書きたいことがないのに、いきなり「このお題で作文を書きなさい」と言われても苦痛なだけ。それで作文に苦手意識を持ってしまってはもったいない。だからこそ**「誰でも書ける」「思わず書きたくなる」ような、ワクワクするお題を提案することが大切なんです。**

「作文」ではなく
「インパクトライティング」と呼んでみる

「読んだ人が最後まで読みたいと思うような作文」を書けるようになることがボクの授業での目標です。そこで「作文」ではなく「インパクトライティング」と名づけ、読む人をひきつけるようなインパクトのある文章の書き方を伝えています。

まず冒頭は「インパクトスタート」。自分の気持ちや一番伝えたいことを印象的な表現、強烈な言葉で書き始める。例えば家族で遊園地に行ったときのことを書くなら「私は昨日遊園地に行きました」ではなく「そこは天国だった」と始めてみる。

次は「クリアストーリー」。冒頭の印象的なフレーズを説明して読者にクリアにする部分です。ここはできるだけ短い文でつなぎ、テンポよく。

そして最後は「ドラマチックフィナーレ」。気持ちを強く表現して、思いきり盛り上げて終わります。事実や情景をやや大げさに描写するという方法もあります。この3つを意識しながら書くことで「作文マイスター」に近づけます。

ぬまっちのクラスエピソード

「NGワード」と「ルパンタイム」で言葉を増やす

　ボクのクラスの作文の授業では、先ほど挙げた「インパクトスタート」「クリアストーリー」「ドラマチックフィナーレ」の３つを意識するのに加えて、「NGワード」を設定します。

　当時２年生のクラスで小学生が作文でよく使いがちな「うれしい」「たのしい」という言葉を「NGワード」にしてみると、子どもたちは「心に花が咲いた」「心が温かくなった」という別の言い方を発明しました。
運動会の作文なら「がんばる」、食べ物にまつわる作文なら「おいしい」など作文のテーマに合わせてよく出てきそうな表現を「NGワード」にしてみましょう。

　ただ、もともと作文が苦手な子は、なかなか新しい表現が思いつかず立ち止まってしまいます。そこで20分程度作文を書いたところで始めるのが「ルパンタイム」です。「ルパンタイム」になったら教室内を動き回って友達と作文を読み合って、気に入った表現があったら、その作文にふせんを貼って、ふせんを貼った人もその表現を自由に使っていいことにするというもの。

　表現を盗んだほうだけが得をするように感じますが、自分の作文にたくさんふせんがつくということは、それだけ「いい表現だね！」と感じてくれた人がいるということ。ふせんの数はそのまま称賛の数なんです。そしてたくさん称賛をもらった子は、さらに新しい表現を考えていきます。盗んだほうにも、盗まれたほうにも、自分の「言葉」を増やすきっかけになるのです。

PART6　授業で使える！　論理的思考力がつくあそび　ドラマチック作文（国語）

新聞づくり 国語

▶ 教師による記者会見の内容とクラス内での出来事を元に記事を構成し、チームごとの持ち回り制で毎日学級新聞を発行する。

ねらい

『新聞づくり』を授業の一単元で終わらせず、実際の新聞づくりにできるだけ近い形で体験させる。週に一度開かれる記者会見（P.148）で仕入れたニュースも組み込みながら記事を構成し、帰りの会までに新聞を完成させて発行する一連の作業を学ぶ。

こんなときにおすすめ

✔ 現実社会に近いしくみを経験させたいとき
✔ 学級新聞を継続して作成させたいとき
✔ インタビューの方法を学ばせたいとき

DATA

信頼関係 ♥♥♡
教師の体力 ★★★
対象学年 **4年生〜**
場所 教室
道具 大きめの紙、ペン
人数 1チーム5人〜
時間 休み時間などを利用

あそび方

1 チーム（班）で持ち回りになるように新聞の発行スケジュールを決める。

進め方のコツ

ボクのクラスの場合はAからFまで班があって、順番に担当が回ってくる。教室に掲示しているカレンダーにあらかじめ「○日はA班」「○日はB班」と日ごとの担当班が記入してあります。

2 新聞作成担当チームは休み時間を使って、その週の記者会見（P.148）の内容や独自に取材をしたことから新聞の記事構成を決めて、帰りの時間までに作成する。

進め方のコツ

新聞の割りつけを決めたら、記事ごとに用紙をカット。こうすることで、各自が記事を同時進行で書くことができ、貼り合わせるとすぐに新聞が完成します。

3 完成した新聞を掲示板に貼りだす。

子どものここに注目！

慣れてくると、担当の班は前日から「明日はこの行事があるからビッグニュースはこれ。メイントピックはこれ。社説はこの内容」とだいたい決めています。帰りの会までに完成させないといけないので、自然と朝の会や午前中の授業中にあったことをニュースにすることが多いですね。

ぬまっちからひとこと

始まりは「新聞記事を書く」という国語の単元があったことです。「リード」や「見出し」といった新聞記事の構成だけを教えても、きっとつまらない。さらに子どもたちに「身のまわりのことで新聞記事を書いて」といってもたいしたニュースはないはず。そもそも新聞づくりを学ぶには、いいネタを探してくるよりも**「どういうしくみで新聞はできるのか」というシステムを知って、それを繰り返し練習することのほうが大事**だとボクは考えます。だって、新聞は1回出して終わりじゃない。定期刊行物なんですから。

記者会見の進め方

　新聞記事を書く練習として、週に一度記者会見を開いています。ボクが今作っている本の話や、テレビや雑誌の取材のこと、出張に行ってきたときのエピソードなど一週間にあったことや予定を話して、200文字の記事にまとめて、全員に提出してもらいます。

　記者会見はできるだけリアルにしたいので、新聞名（班ごとに自分たちが出す新聞の名前を決めている）と自分の名前を名乗ってから質問してもらいます。ボクもマイクを使って質問に答えます。今は『U2』（P.134）と同じヘッドセット型のマイクを使っているので、今後はよりリアルに卓上マイクとコップと水の入ったペットボトルを用意しようと考えています。

　子どもたちの質問も、記者会見を重ねるごとにうまくなっていきます。「"楽しかった"とは具体的にどういうことですか？」など鋭く切り込んでくる子も。みんなボクの回答を聞きながら真剣にメモを取って、それをもう一度記事にまとめる。結果的に同じネタで2回文章を書くことになります。そのことも文章を書くトレーニングとして役に立っていると感じています。

ぬまっちのクラスエピソード

完成した新聞は保護者にも見てもらう

　完成した新聞は教室の掲示板に貼って、まずはクラスの子たちに見てもらいます。でも、読者がクラスメイトだけではモチベーションが上がらない。そこでボクの場合は、クラスの保護者だけが見られる SNS にも流しています。「あの子の書く記事はおもしろい！」とか、「これは何を書いてるのかよくわからない」など反響があることが、継続して新聞をつくるうえで励みにもなります。

　トップニュースになるのは、ボクの話が多かったのですが、時期が進むにつれてボク以外のクラスメイトのことや、学校内の話が増えてきています。それだけ子どもたちが普段の生活からニュースを見つけるのがうまくなってきたということで、成長を感じます。

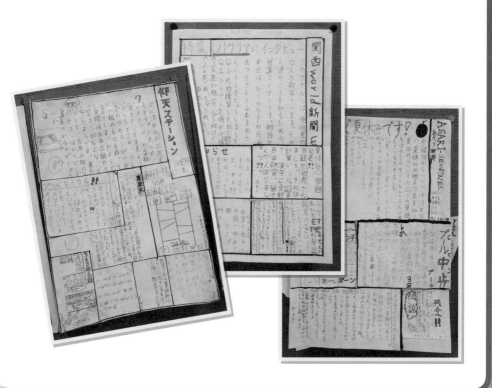

スーパーのヒミツを探る 社会

▶ 「スーパーマーケットでお客さんが買いたくなるようなしくみ」を1週間かけて子どもたちにリサーチさせたうえで、実際にスーパーに取材に行く。

ねらい
子どもたちが自主的に調べたくなるようなテーマを教師から提案することでより深いリサーチにつながり、子どもたちの理解も深まる。

こんなときにおすすめ
✔ 社会について深く知ってほしいとき
✔ 調べ学習に楽しく取り組ませたいとき
✔ ひとつのことをじっくり調べる力をつけたいとき

DATA

信頼関係　♥♥♥
教師の体力　★★★
対象学年　3年生
場所　教室・スーパー
道具　なし
人数　1人〜
時間　45分

あそび方

1　授業内で「スーパーマーケットについて知っていること」を発表しあう。発表された内容をまとめたうえで「スーパーマーケットには品物をたくさん買ってもらうため、お客さんが買いたくなるようなしくみがあるはず。それを1週間かけて調べてきてほしい」と投げかける。

> スーパーって安く売らないとお客さんが来ないよね。でも、安いからこそたくさん買ってもらわないといけない。じゃあスーパーはどうやってたくさん買ってもらえるようにしていると思う？

「お客さんがたくさん来るように」ではなく「たくさん買ってもらえるように」というマーケティングにかかわる疑問をテーマにすることで、よりリアルな商売の秘密に近づくことに。子どものワクワク感が高まります。

進め方のコツ
実際の授業で子どもから出てきたのは「スーパーではあまり迷わない」ということでした。その理由を聞くと「どこのスーパーもだいたい似ているから」。そこからスーパーマーケットはどこでも入り口近くに野菜があって、次に肉や魚といった生鮮食品が並んでいる。それはなぜだろう？と、陳列の理由についてリサーチするきっかけに。

2 1週間後の授業で、それぞれが調べてきたことを発表することとし、調べて疑問に感じたこと、推測できたことをまとめておく。

3 実際に学校近くのスーパーに取材に行き、疑問や推測できたことを質問してスーパーの方にこたえてもらう。

鍋つゆはどうしていろいろなところに置いてあるんですか

ぬまっちからひとこと

1週間かけて子どもたちはさまざまなことを調べてきてくれました。中には実演販売を観察して、試食をして買う人、買わない人の行動パターンを発見した子も。また「鍋つゆが店内のいろいろなところに置いてある」と気づいた子がいました。スーパーの店員さんに質問をぶつけたところ「お客様が手に取りやすいようにです」という答えが。そこで「つゆを買うことで具材も買ってもらうのが目的では？」と考察から導いた仮説をぶつけたところ、店員さんが「その通りです」と白状してくれました（笑）。ただ「スーパーについて調べる」というテーマでは感じることができなかった達成感を子どもたちが感じた瞬間でした。

「勝手に観光大使」になって 都道府県を調べる！

　小学5年生の社会では「日本について学ぼう」という単元があります。「全国の都道府県について調べたことを発表しよう」というだけでは、子どもたちはあまり盛り上がってくれません。そこでボクが考えたのは、クラス全員が自分の好きな都道府県の「観光大使」に「勝手に」なってしまうというものです。

　「観光大使」の仕事は、その都道府県のいいところをほかの人に広めること。ボクの場合は保護者が集まる学習発表会の際に、自分の選んだ都道府県についてプレゼンしてもらいます。そこで見に来た保護者が「行ってみたい！」と思ったら成功です。

　「本物」を使うことがモチベーションを上げると1章でもお伝えしましたが、このときも、学校のコンピュータールームでパソコンを使い、ネット検索やパワーポイントを使ったスライドづくりの時間も設けました。島根県を選んだ子は、島根県の位置や概要、出雲大社をはじめとする県内の観光スポットを説明するスライドをパワーポイントで作成しました。

　そうやって調べたことを、発表して終わりではもったいない、と思いませんか？そのときのクラスは、内容をノートにまとめて各都道府県の知事に送ることにしました。その結果、続々と知事から返事の手紙が届きました。兵庫県からは正式な「特別観光大使」に任命していただきましたし、島根県は手紙だけでなく、島根県観光キャラクターの「しまねっこ」の学校訪問も。ただ都道府県について調べるだけではなく、自分たちがやる気になって調べたことが現実の世界とつながって反応をもらえたことは、子どもたちにとって大きな学びになったでしょう。

ぬまっちのクラスエピソード

自由研究はユニークなテーマほどよい

1, 2, 3, 4 ·····

納豆は何回まぜるのが
おいしいか?!

10回
20回
50回
100回
200回

　ボクが担任するクラスでは夏休みの「自由研究」は「子どもが自分だけでできる研究にしてください」と保護者にお願いしています。

　今はさまざまな自由研究キットも売っていますし、お金を払えば自由研究の代行業者なんてものもある。でも、自由研究の目的はまわりから驚かれるような凝った作品を作り上げることでも、珍しいものを見つけることでもありません。自分で仮説を立てて、リサーチや実験を行い、その結果を考察する。そのプロセスを子ども自身が行って、身につけることに意味があるのです。

　なので、テーマに選ぶのはできるだけ身のまわりから思いつくようなネタで、自分で繰り返し調べて確認ができるようなものがいい。ボクのクラスの自由研究のテーマは「納豆は何回混ぜるのがおいしいか」「自分は何時間睡眠が一番気持ちいいか」「ウソを見抜く方法」「消しゴムを使ったきれいな消し方」など個性的なものばかり。みんな自分たちが疑問を持ったことを観察や実験を行って確認しています。それが最も価値があるものだとボクは思います。

PART6 授業で使える! 論理的思考力がつくあそび　スーパーのヒミツを探る（社会）

153

チョコレート大作戦 理科

▶ 鏡の反射を利用して、教室の隅に置かれたチョコレートに太陽の光を当てて、溶かせるか試してみる。

ねらい
チョコレートという子どもたちが好きなお菓子を目標にすることで、鏡の反射についてワクワクしながら自主的に考え、学ぶきっかけになる。ひとつの鏡の反射では光が届かないような位置にチョコレートを置くのがポイント。

こんなときにおすすめ
✔ 楽しみながら課題解決の方法を考えてほしいとき
✔ クラスメイトと協力する経験をしてほしいとき
✔ 3年生で光と鏡についての単元を学ぶとき

DATA

信頼関係 ♥♥♡
教師の体力 ★★☆
対象学年 **3年生**
場所 教室
道具 鏡、チョコレート
人数 5人～
時間 45分

あそび方

1 一度反射させるだけでは光が届かないような場所にチョコレートをひとつ置く。

あそこにチョコレートを置いたから、鏡を使って光を当てて溶かしてみて

あらかじめひとつの鏡で反射させただけでは、光が届かないような位置を調べておきます。ゲームをやる雰囲気になったら、そこにチョコレートを置いて、子どもたちに声かけを。教師がいきなり教室の片隅にチョコレートを置いたら、「何が起きるんだろう？」とワクワクしますよね。

2 鏡で光を反射させて、チョコレートに太陽光を当てる。
人の目に光が入らないように注意を。

最初はそれぞれの子どもが単独でチョコレートに光を当てられないか
試すでしょう。誰かが「これは1回の反射では届かないぞ」と気づい
てからが見どころです。鏡を使って反射をつなげる子、それを見て角
度や位置を調整する子と、役割が分かれていくはずです。科学的な知識や発想が必
要なゲームなので、いつもとは違った子がリーダーシップをとるかもしれません。

3 クラスのみんなで協力して、光の反射だけでチョコレートを
溶かすことができたら成功。

ぬまっちからひとこと

日差しが弱い冬に行うのがおすすめです。屋外でやるとさらに盛り上が
ります。**光を当てるのが本物のお菓子だからこそ、子どもは食いつきます。**
それに「光を当てて（わざと）チョコレートを溶かす」って、なんだか
みんなでイケナイことをしている気がしてワクワクしませんか？　それ
でいて誰かを傷つけるわけでもないし、迷惑をかけることでもない。そ
んな題材が見つけられると、ゲーム的な活動をどんどん試していけると
思います。

「パンvs.ごはん」でディベート 特活

▶ 「ハンバーグとセットにするのはパンとごはんのどちらがいいか」 など設定されたテーマについて、クラスを 「パン派」 と 「ごはん派」 に分けて議論。より聞く人を納得させられたチームが成功。

ねらい

自分の意見ではなく自動的にチーム分けをすることで、遊びの延長で意見交換ができる。自分の意見を主張するだけでなく、相手の意見をしっかり聞いて反論する必要があるので、人の話を聞く力を身につけられる。

こんなときにおすすめ

✔ 自分の意見を述べる練習をさせたいとき
✔ 人の意見を聞く練習をさせたいとき
✔ 議論をする楽しさを経験させたいとき

DATA

信頼関係 ♥♥♡
教師の体力 ★★★
対象学年 低 中 高
場所 教室
道具 なし
人数 2人〜
時間 45分

あそび方

1 「ハンバーグとセットにするならパンとごはんどちらが最強か？」などテーマを決めたうえで、無作為にクラスを 「パン派」「ごはん派」 のチームに分ける。

進め方のコツ

「自分が好きなほうを選ぶ」という方法でチーム分けをしてもいいですが、ディベートに慣れるまでは出席番号や座っている席で無作為に分けてしまったほうが 「自分がどう思うか」 ではなく、あくまでゲーム感覚でディベートが行えると思います。

2 前半戦10分、後半戦10分で自分たちのチームのいいところを伝えながら、相手チームの意見への反論もしていく。

ごはんは保存がきくよね

おにぎりにしてもおいしい

パンはデザートにも合う！

3 後半戦が終わったら全員に「どちらが最強だと思ったか？」を選ばせる。

子どもの **ここに注目！**

ディベートやディスカッションで大事なことは、自分の言いたいことだけを言えばいいのではなく、相手チームの意見をよく聞いて理解したうえで、ツッコミを入れることです。相手チームの意見に対して適当に文句を言うのは単なる「ヤジ」なのでマナー違反。前にボクのクラスでは、ごはんチームから「ごはんは納豆にも合う」という意見が出たときに、パンチームから「今はハンバーグの話をしてるんです。納豆は関係ありません！」と冷静なツッコミが入りました。これは相手の意見を聞いたうえで反論しているいい例です。

ぬまっちからひとこと

ディベートを繰り返していくと、ものの見方がひとつではないことが理解できるようになります。自分の見方が世の中のすべてではないし、絶対ではないから、ほかの意見を聞いているうちに変わることもある。ゲーム的なディベートやディスカッションを通じてそれがわかってくると、「クラスの卒業遠足の行き先」などもディベートで決めることができます。**何事も担任であるボクが決めずに、子どもたちが議論を通じて決めていく。**真のディベート力が鍛えられていくのです。

ディベートを練習するなら
後腐れのないテーマに

　ゲーム的にディスカッションを楽しむなら、テーマはできるだけ後腐れのないもの、現実とリンクしすぎないものがいいです。いきなり「東京ディズニーランドと東京ディズニーシー、どちらに行くのがいいか？」のようなテーマは、個人の経験や感情など現実問題とも絡んでしまいます。さんざん話し合って、結果「ディズニーランドがいい！」と勝ち負けが決まっても、やっぱりディズニーランドよりディズニーシーが好きな子はそっちに行きたいですよね。

　逆に「パンとごはんはどっちが最強か？」は、どちらが選ばれたとしても、結局は自分の好きなものを食べればいい。ディベートで「ごはん」を選んだからといって、その日の給食がパンだったら当たり前のようにパンを食べますし、まわりの子から「お前、ごはん派だったのにパン食べるのかよ！」と言われることもない。決まったことに後腐れがないんです。自由に、楽しく意見を言えるように、「どっちでもいいこと」をテーマに選ぶことが、とても大事です。

やっぱり パンも おいしいね！

ディベート慣れしてきたら
現実的なテーマも取り組める

以前担任した5年、6年と2年間かけて議論の楽しさを体験してきたクラスでは、「卒業遠足・午前中のルート」をディベート（「クリティカル・ディスカッション」と呼んでいます）で決めることに。すでに午後は新宿の『ルミネ the よしもと』でお笑いを観ること、そして帝国ホテルでディナーを食べることが決まっていました。

子どもたちからは「新宿」「お台場」「横浜」「川越」という4カ所が候補に挙がりました。ボクから場所の候補について何か意見を言うことはなく、「行きたい場所ごとにチームに分かれてプレゼン合戦をしよう。それぞれの候補地の推薦意見を聞いたあとに議論して、最後に投票で決めよう」というのも子どもたちが考えたことです。

子どもたちはプレゼン合戦と議論に向けて、スライドを作り、リハーサルも行いました。ただいいところをプレゼンするだけでなく、自分たちのチームがツッコミを受けそうなところはあらかじめ予想して答えを準備しておく必要があります。相手の弱点も理解するため、気がつくとクラス全員が4つの候補地すべてにくわしくなっていたのです！

結局このときは1日の議論では終わらず、翌週、翌々週も回を重ね、途中でほかのチームに移籍する子も。最終的に「横浜」に決まりましたが、違うチームに移籍した子に「裏切った！」という声が出たり、横浜以外のチームの子たちにわだかまりが残ることもありませんでした。勝ち負けが目的ではなく「それぞれの候補地をよく知るため」という目的を全員が共有できていたということです。

なんでもプロジェクト 特活

> 子どもがやりたいことを発案し、クラス内で賛同者を募る。1人以上賛同者がみつかったらプロジェクトが成立し、達成に向けて活動する。

ねらい

子どもたち自身で「やりたいこと」を発案し、有志を集めて活動することで主体的な学びに。達成した際には、社会で評価されることやクラスに貢献する喜びも体験できる。自分の好きなことをとことん深掘りする探究活動にもつながる。

こんなときにおすすめ

✓ 主体的な学び、経験をさせたいとき
✓ 得意分野、好きなことを伸ばしてほしいとき
✓ 誰かの役に立つ喜びを経験させたいとき

DATA

信頼関係 ♥♥♡
教師の体力 ★★☆
対象学年 低 **中** **高**
場所 教室
道具 紙（コピー用紙、色画用紙）、ペーパーフラワーなど
人数 1人〜
時間 1分〜

あそび方

1 プロジェクトとして活動したいことを思いついたら、クラス内で有志を募る。

進め方のコツ

子どもたちが立ち上げるプロジェクトはさまざま。ボクに代わってみんなに授業をする「ティーチャー系」には「ONT（織田信長ティーチャー）」や「EBT（江戸文化ティーチャー）」など。ほかにコンテストやコンクールに応募するプロジェクト、学級経営にかかわるプロジェクトなどもあります。さらにはコンテストを探すプロジェクト、コンテストに出したかどうか確認するプロジェクトもあって、子どもだけで進められていきます。

2 1人以上の賛同者が見つかったら、プロジェクト名とプロジェクト内容を紙に書いて教師にプロジェクト成立を報告。教師は掲示板や壁に貼りだす。

3 プロジェクトが見事達成したら、ペーパーフラワーなどを飾り、達成したことをクラス全員で共有する。

進め方のコツ

達成したものは花を貼ってあげるなど視覚的にわかるようにすることで、達成の動機づけになります。うちのクラスは、教室の扉に現在進行中のプロジェクトの台紙が貼られています。その中で達成したものはペーパーフラワーを貼り、ひとことコメントを添えて、「殿堂」と呼ばれる教室の後ろの掲示板に移動されます。年度末が近づくにつれて「殿堂」に貼られるプロジェクトがどんどん増えていきます。

ぬまっちからひとこと

ボクが担任するクラスにはいわゆる「係活動」はありません。**クラスに必要なことがあれば、すべてプロジェクトとして立ち上げ、子どもたちに自発的に取り組んでもらいます。**「係」にしてしまうと「自分たちがやりたくないのにやらされている」という感覚になってしまうからです。またプロジェクトという形なら、自分が「やりたい！」と思うものを立ち上げれば誰でも主役になれる。走るのが苦手な子が「『区民体育大会陸上競技』の『小学生女子400メートルリレー』で好成績を残したい」というプロジェクトを立ち上げたこともありました。クラスで足の速い子たちが参加して見事2位入賞。でも一番の主役はやっぱりプロジェクトを立ち上げた本人だったんです。

なんでもアルファベットで略した名称に

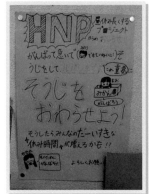

　うちのクラスのプロジェクトは「AOK＝新しいおにぎり開発（家庭用ラップの会社が開催する「気持ちを伝えるおにぎりコンテスト」に応募するためのプロジェクト）」、「YST＝『読売写真大賞』に応募するためのプロジェクト」、「GSC＝朝日小学生新聞の『学校新聞コンクール』に応募するプロジェクト」とすべてアルファベット3文字の名称がつけられています。

　大人の世界を見ても、APEC、WHOなどアルファベットの略称になっているものはたくさんありますよね。ちょっと呼び方を変えるだけで、なんだかカッコよく思えるし、わかる人だけがわかる秘密感がプロジェクトらしくもある。それだけで子どもたちのテンションがあがることもあるんです。

　ボクはクラスの子一人ひとりと交換日記をしていますが、それも「日記」じゃなくて「P-note」と呼んでいます。学級通信の名前を「Penetrate」にしているのでその略称です。「日記書こうぜ」じゃテンションは上がらないけど「P-note書こうぜ」というと書く気になる子がいるんです。

ぬまっちのクラスエピソード

ティーチャー系プロジェクトとは？

　プロジェクトの中に「歴史ティーチャー系」というものがあります。歴史の授業でボクに代わって授業を行ってもらうというもので、ほかのプロジェクトと同じように子どもが発案して仲間を募り、実行していきます。

　最初に「歴史ティーチャー系」が生まれたのは「STT ＝聖徳太子ティーチャー」でした。それ以降、FMT ＝藤原道長ティーチャー、TKT ＝平清盛ティーチャー、YYT ＝頼朝・義経ティーチャー、ONT ＝織田信長ティーチャー、AHT ＝飛鳥・平安ティーチャー、KMT ＝鎌倉・室町ティーチャーとさまざまな歴史ティーチャー系が生まれています。

　歴史ティーチャーのプロジェクトメンバーは自分が担当する人物の生きざまや歴史的背景についてとことん調べます。スライドも作りますし、台本を作って暗記をします。さらにそれだけでなく、実際に授業をするときはほかの子や担任のボク（ティーチャー系の子の発表のときはボクも子どもたちと一緒に授業を受けます）から鋭い質問やツッコミが飛ぶことも。それにもアドリブでどんどん答えていかねばなりません。そして授業後には、授業を聞いたクラスメイトのノートを回収して、そこに書かれた疑問点に一つひとつ答えていきます。

　教師から「徳川家康について調べなさい」と言われても、こんなにがっちり調べてはこないでしょう。時にはボクも知らないような知識が出てきて担任も驚くし、子どもたちも友達がやる授業は真剣に聞く。それが楽しいからか、歴史ティーチャーはやりたがる子が次々に出てきます。

全員で協力する「漢字テスト強化」と 全員が勝てる「ひらがなプロフェッショナル」

　うちのクラスには「KTK＝漢字テスト強化」というプロジェクトがあります。ボクは漢字テストをつくるときに「漢字ドリルの○ページから○ページまで」という範囲を決めません。それまでに習った漢字すべてが出題される可能性がある。そのため、普通に勉強してもいい点が取れない。そこで日頃から漢字テストの結果がいい子がKTKのメンバーとなってテスト対策をすることになったのです。

　メンバーたちはそれまでに習った漢字だけで作られた四字熟語を自分たちで調べてリスト化して、クラス全員に配ってくれました。そして予想問題の作成や模擬試験も実施。テストの丸つけもメンバーが行ってボクが最終確認をする形式になりました。

これが出そうな気がする！

　やがて漢字テストの平均点が上がったと同時に、KTKに入りたいという子が増えました。誰でもできるわけではないので、KTKメンバーになるには「選抜試験で上位8位に入ること」という条件をつけたところ、すでにメンバーになっている子を含めてみんなが漢字の勉強を猛烈にやるようになったのです！

　低学年の担任をしたときは「ひらがな一文字だけのプロになる」ことを目指した「ひらがなプロフェッショナル」というプロジェクトを立ち上げました。「あ」を選んだ子は「あ」だけ、「い」を選んだ子は「い」だけを「誰よりも美しく書けるようになること」を目指してひたすら練習するのです。四角いマスに描かれた十字リーダーの点々の数を数え始め「いくつめの点を横切ったら一番きれいに見えるか？」と徹底的に研究していきます。「ひらプロ」のいいところは、誰とも競争せず、自分が選んだひらがなのトップになり、お互いに尊敬しあえること。全員が勝つことができるのです。

ぬまっちのクラスエピソード

「SPHF =さんまパーフェクト骨抜きフェス」から得られたたくさんのこと

　1年生の担任をしていたとき、ある子がふと口にした「魚をきれいに食べられるとカッコいい？」という一言から一大プロジェクトが立ち上がりました。「SPHF =さんまパーフェクト骨抜きフェス」です。これは、焼いたさんまをどうすればきれいに食べられるかをクラス全員で研究するというもの。

　ちょうどその年はさんまが豊漁だったし、子どもたちが魚をきれいに食べられないことも頭にあった。ボクもそこまできれいに食べられないけど、魚がきれいに食べられたほうが人生ラクだろう。さらに保護者も喜ぶ。あとはどう子どもたちを乗り気にするかですが「フェス」という形にすると、そこに向けて家で練習してくれると思ったんです。家で「できないー！」と泣きわめくと保護者が苦労するので「練習で泣いたら失格」というルールだけ作りました（笑）。

　フェス当日までの2週間、多い子は7回さんまを食べたそうで、前日に食べたのは35人中21人。このフェスをやるうえで大事にしたのはPDCA（Plan・Do・Check・Action）を回すこと。なので、計画と実行だけでなく、振り返りもきっちり行いました。その際に、「しっぽのあたりに身が残った」「骨を折らずに食べるのが難しい」という反省点が出ました。振り返りで出たことを活かしてもう一度やりたいと子どもたちから意見が出たので、さらに2週間後に再びフェスを開催しました。

　食べて終わりではもったいないので、保護者が集まる学習発表会でさんまの食べ方のプレゼンをしてもらうことにして、さんまへの手紙も書かせました。手紙を書くことで、国語の要素も入るし、生き物の命をいただくという「いただきます」の気持ちにもつながる。結果、子どもたちの箸の使い方が向上し、好き嫌いも減り、「いただきます」の意味を再確認する食育にもつながりました。

なくしもの捜索 その他

> クラスの誰かのものがなくなったときに、刑事の事件捜査に見立てて証言を集め、クラス全員で捜索する。

ねらい

なくしものは、いじめなどクラス内の人間関係につながっていることもある。なくなったのではなく、誰かによって隠されていることもある。つい深刻になってしまう「なくしもの」を探すことをクラスみんなで楽しむイベントに。

こんなときにおすすめ

✔ クラス全員で協力させたいとき
✔ ネガティブなことを楽しくやらせたいとき

DATA

信頼関係　♥♥♡
教師の体力　★★☆
対象学年　低 **中** **高**
場所　学校全体
道具　旗
人数　10人〜
時間　30分くらい

あそび方

1　なくしものをした子に「何をなくしたのか？」「どんな特徴なのか？」「最後に見たのはどこか？」など、なくしたものについての情報を聞き出す。教師は聞きだした情報を黒板に書き出していく。

いつからないの？

何をなくしたの？

大きさは？

最後に目撃されたのは？

刑事になりきってそれらしい声のかけ方を。上司役になった気持ちで「行ってこい！」と子どもたちを送り出しましょう。

体育の時間まではあったのね

今日の体育は校庭だったね

2 情報がすべて出そろったら、各自が「ここにありそうだ」と思う場所に探しに行く。

進め方のコツ

子どもたちを送り出すときの BGM はドラマ『踊る大捜査線』のテーマで。子どもたちのほとんどはこのドラマを見たことがないはずなんですけど、なぜかリアルな捜査気分になるようです（笑）。

3 なくしものが発見されたら、教室の窓に外から見えるように旗を出して、まだ戻ってきていない子に知らせる。

あったよ〜！

ぬまっちからひとこと

こうしてイベント化することで「どうしてみんなであいつのなくしものを探さなきゃいけないの!?」という空気がなくなります。ただし、あまり頻繁にやってしまうと、そのうち『なくしもの捜索』をやるためにわざとなくしものをする子が現れるので気をつけたいところです。やっても一学期に一度、年に2、3回のイメージでしょうか。

BGM が気分を盛り上げる！

　ゲーム的な活動を盛り上げるには、BGM が大切な役割を担います。『U2』は F1 のテーマ曲でもある T-SQUARE の『Truth』。『なくしもの捜索』では刑事ドラマの代表格である『踊る大捜査線』のテーマソング。『ダンシング掃除』はもともと踊るためだけでなく、時間のめどをつけるために音楽を流したのが始まりですが、給食の時間も同じように BGM を流しています。よく流すのは DREAMS COME TRUE の『何度でも』と Mr.Children の『HANABI』。どちらもみんなのためにくじけずにおかわりを続けてくれる「おかわりエース」への激励の気持ちを込めて流しています（笑）。運動会の入場曲では（元）巨人の上原投手の入場曲をかけたりも。これは一部のお父さんがザワついていましたね。

　帰りの時間にもいつも同じ音楽を流しています。今は C&K の『キミノ言葉デ』。これはボクが MV に出演させてもらった曲なので。沖縄の人気歌手・池田卓の『海賊船』も。担任が終わったあとも、この曲を聴くとボクのことを思い出してくれたらいいなと思ってかけています。

　ほかにも子どもからリクエストされたら TWICE をかけることもあるし、「これは使えそう」とか「おもしろいな」と思った曲はあらかじめ購入して教室で使う PC にストックしてあります。

ぬまっちのクラスエピソード

子どもとは毎日の交換日記、保護者とはネットで情報共有を

学校でのなくしものが本人の単なるうっかりならいいのですが、実は誰かに隠されているなどいじめの種がひそんでいるようなら要注意です。きっといじめの対象になっている本人は何か気づいていることがあるでしょう。だからといって、いきなり教師から「何か気になることがあったら話して」と言われて話せる子は少ない。そこでボクはクラス全員と毎日交換日記をしています。

ほとんどの子は夕食のメニューだったり、その日あったことだったりをさらっと書いている程度。「おやすみなさい」だけの子もいます。でも、それでいいのです。毎日やりとりを続けているからこそ、悩みごとがあったときには、それについて書くことができる。「何かあったときには日記を出して」と言ってしまうと、日記を出している子がいたらまわりから「何かあったんだ」と思われてしまう。担任とやりとりする習慣がないと、特別なときだけ書くのも難しいものです。

また、保護者との普段からの連携も重要です。保護者には何か問題があったときだけでなく、いいことがあったときにも連絡をするようにしています。そして、日々の出来事は紙の学級通信だけでなく、以前はブログ、現在は SNS で発信しています。もちろんクラスの人にしか見られないような設定をしています。ネットで発信することで即時性もあり、なかなか子どもが持ち帰るプリントにまで注意を配れないお父さんにも情報共有ができる。こうして保護者と学級の様子を共有しておくと、協力もしてもらいやすいですし、何か問題が起きたときにも連携してもらいやすいのです。

子どもの得意なことを伸ばす その他

▶ 誰にも気づかれていない子どもの得意なことに気づいたら、それをクラス内で認められるような特技として伸ばしていく。

ねらい

どんな子でも、必ずひとつは誰にも負けない特技を持っている。それを見つけ出して本人にも人に誇れるものだと自覚させることで、周囲からも認められる存在にしていく。

こんなときにおすすめ

✔ クラスになじめない子、避けられている子がいるとき
✔ 目立たない子に自信をつけてほしいとき
✔ クラス内の人間関係を変えたいとき

DATA

信頼関係 ♥♥♥
教師の体力 ★★★
対象学年 低 **中** 高
場所 どこでも
道具 必要に応じて
人数 1人
時間 人による

見つけ方

1 クラスになじめていない子、避けられている様子がある子、目立たない子に気づいたら、観察してみる。

見つけ方のコツ

クラス内でしっかり目配りをしたほうがいい子をしぼり込む方法にもゲームを活用してください。『せーのでイェイ！』(P.42)や『2〜5人組バスケット』(P.60)などのゲームをやってみると、気にかけたほうがいい子が見えてきます。

ぽつん…

Aくん…

2 子どもの得意なこと、好きなことがわかってきたら、
それを承認して伸ばしていく。

> A くんの絵が
> かっこいいから、
> 旗づくりのリーダーを
> お願いしようか！

すごーい！

おー!!

すごいね！　　めちゃくちゃおもしろい！

その子の得意、好きなことの芽を見つけたら、それを育てるのは周囲からの承認です。どんなことでも自分の好きなこと・得意なことを認めてもらえたら自己肯定感が生まれていく。その自己肯定感は必ずほかのところにも影響していきます。

ぬまっちからひとこと

目立たない子はなかなか自分からプロジェクトを立ち上げることもないですし、誰かのプロジェクトに参加するのも難しいでしょう。そんなときは**教師から何か役割を与えるのもいいと思います。**「肩こったから肩もんでよ」と声をかけて、もんでもらったら「うまいじゃん！」と絶賛すること。すると本人も「どうしたらよりうまくなるか？」を研究してきたりも。特技や好きなことを探すのは UFO キャッチャーと同じです。「あの子を今ここで光らせたい！」と狙って動くのではなく、**今このタイミングで光りそうな子を発掘していく。**無理矢理動いてしまうと逆効果です。

子どもの行動を認める「承認」には段階がある

　「マズローの欲求5段階説」という有名な理論があります。この欲求の第4段階に「承認欲求」というものがあります。担任している子ども全員を承認していくために「承認」の段階についてボクは考えました。

　まず「承認1.0」は「見る」。言葉でほめる必要はありません。人間ただ見られるだけでも認めてもらった気持ちになるものです。男性アイドルのコンサートに集まるお客さんは5万人も観客がいるのに「私のこと見てくれた！」となって、帰りにグッズを買ってしまいます（笑）。「承認2.0」は「気づく」。これがうまいのは巨人軍の原監督。試合終了後、観客席を見ながらうなずくんです。観客が「監督、ボクの思いに気づいてくれたんだ……」と感じる。そして「承認3.0」は「認める」。「成功したね」だけでなく「失敗しちゃったね」でもいい。やっていることを認めてあげることが重要に。「承認4.0」が「ほめる」です。ただ「ほめる」のはそれなりの技術が必要なんです。ただ「すごいね！」「うまいね！」と同じ言葉でほめていても効果がない。いつもレベルの高いほめ方を繰り出すのは難しいので、保護者に対しては「承認の8割は1.0の"見る"と2.0の"気づく"で大丈夫です」と伝えています。くわしくはボクの著書『one and only 自分史上最高になる』（東洋館出版社）にも書いています。

　さらに上をいく「承認5.0」が「喜ぶ」です。子どもがやることを担任であるボクや保護者が喜ぶ。例えば、あるときボクが出張から戻って教室に行くと、ボクの机の上がきれいに片づけられていた。本当にうれしかったので「君たち、すごいな！」と喜びました。すると次からも子どもがボクの机を片づけてくれるようになったんです。なお「承認5.0」は第三者から「喜んでいたよ」と聞かされることで、さらに効果が上がります。「みんなの漢字テストの成績が上がったって沼田先生が喜んでいたよ」とほかのクラスの教師から聞かされると、ボクが喜ぶよりも子どもたちの「承認された」という思いは強くなります。そして「またがんばろう」とさらにやる気になってくれるのです。

ぬまっちのクラスエピソード

ひとりでつぶやいていたことが 誰にも負けない特技に

今、うちのクラスでスーパースターになっているのは、去年クラスの中で目立たなかった男の子、「だりん」。だりんはぶつぶつと何かをつぶやくことがあったんですが、よく聞いてみたら、東急田園都市線の車内アナウンスだった。このコピーぶりが本当に完璧で、英語が得意なわけでもないのに、英語部分のアナウンスもイントネーション

Thank you for using…

までしっかりコピーされている。おかげで東急田園都市線に乗ると、だりんのアナウンスを思い出してひとりでニヤニヤしてしまうことも。

本当におもしろかったので「めちゃくちゃおもしろいじゃん！」と、ボクが喜んで動画を撮るようになったら、本人も自分の特技として認識できるようになり、クラスの子たちも「あいつはすごい特技を持ってる！」と認めるようになりました。ボクが取材を受けたときに「こんなすごいヤツがいるんです」と宣伝もしているので、いずれ「君の話を沼田先生から聞いたよ！」と言われることもあるでしょう。まさに「承認5.0」です。

この特技をさらに伸ばしたほうがいい！と、夏休みの自由研究で東急全線と東海道新幹線のアナウンスをマスターするように言ったら本当に彼はやってきました。もはや彼は、完全にクラスの人気者のひとりです。今まで英語のアナウンス部分は意味までわからず音だけ聞いてそれらしくコピーしていたのですが、きちんと内容もわかってコピーできるようにしたいと思ったそうで、英会話教室に通うようにも。これで彼の得意なことがまたひとつ増えるかもしれません。

おわりに

　本の中でも何度か書きましたが、ボク自身は現在、この本で紹介しているような学級あそび（ゲーム）をやることはほぼなくなりました。それは「子どもどうしのコミュニケーションを促す」や「課題解決を通じて達成感を得る」といった、多くの教師がゲームをやる目的としていることを、ゲーム以外の活動でできてしまうからです。第6章で紹介しているような、授業の単元をゲーム的に楽しむ方法もそのひとつです。

　ゲームもゲーム的な授業の進め方も、必ずどのクラスにもハマるとは限りません。前に担任したクラスでは大盛り上がりしたゲームが、新しいクラスではそうでもなかったりする。一瞬慌てると思いますが、それこそがクラスの個性なのだと思います。その個性を大切にしながら、目の前にいる子どもたちがハマるものを提案できるよう、こういった本からネタを増やしていってもらえたらと思います。

　大人も子どもも最初はマネすることから多くを学んでいくと思いますが、やがて「自分はこうしたほうがうまくできるぞ」「こっちのほうが楽しいんじゃないかな？」とアレンジができるようになっていくものです。そんな発想が生まれたときは、ぜひオリジナルのアレンジを加えていってください。「本にこう書いてあったから」「沼田先生がこう言っていたから」なんて気にしなくて構いません。思いついたらとりあえずやってみましょう。　うまくいかなければ、

子どもたちと一緒に「どうしたらいいかな？」と考えながら進めていったっていいと思います。

　「楽しい」という感覚は、子どもにとっても教師自身にとっても大切です。自分はどういうゲームを楽しいと思えるのか、どういう授業なら受けていて楽しいか、常にそれだけは頭の片隅に置きながらゲームも、授業も取り組んでいってください。この本に頼らなくても、自分なりの進め方でゲームや授業ができるようになったなら、あなたもボクに負けないMC型授業ができる教師になっているはずです！

とりあえず やってみ？

沼田 晶弘

■ 監修

沼田晶弘 （ぬまた あきひろ）

国立大学法人東京学芸大学附属世田谷小学校教諭。1975 年東京生まれ。東京学芸
大学教育学部卒業後、アメリカ・インディアナ州立ボールステイト大学大学院で学
び、インディアナ州マンシー市名誉市民賞を受賞。スポーツ経営学の修士課程を修
了後、ボールステイト大学職員などを経て、2006 年から現職。生活科教科書（学
校図書）著者。児童の自主性・自立性を引き出す斬新でユニークな授業はアクティブ・
ラーニングの先駆けといわれ、テレビや新聞、雑誌などで紹介される。教育に関す
る研修やイベントを多数実施するほか、企業向けの講演も精力的に行っている。『世
界標準のアクティブ・ラーニングでわかった ぬまっち流 自分で伸びる小学生の育
て方』(KADOKAWA)、『one and only ―自分史上最高になる―』(東洋館出版社)、
『家でできる「自信が持てる子」の育て方』(あさ出版) など著書多数。

■ デザイン　市川ゆうき （チャダル）
■ DTP　　　Studio Porto
■ イラスト　沼田健
　　　　　　みやれいこ
■ 執筆協力　古川はる香
■ 編集協力　株式会社　童夢
■ 編集担当　田丸智子（ナツメ出版企画株式会社）

ナツメ社Webサイト
http://www.natsume.co.jp
書籍の最新情報（正誤情報を含む）は
ナツメ社Webサイトをご覧ください。

子どもが「話せる」「聞ける」クラスに変わる！
学級あそび

2020 年　4 月 1 日　初版発行

監修者　沼田晶弘　　　　　　　　　　　　　　　　Numata Akihiro,2020
発行者　田村正隆

発行所　株式会社ナツメ社
　　　　東京都千代田区神田神保町 1-52　ナツメ社ビル1F （〒 101-0051)
　　　　電話　03 (3291) 1257 (代表)　　FAX　03 (3291) 5761
　　　　振替　00130-1-58661
制　作　ナツメ出版企画株式会社
　　　　東京都千代田区神田神保町 1-52　ナツメ社ビル 3F （〒 101-0051)
　　　　電話　03 (3295) 3921 (代表)
印刷所　株式会社技秀堂

ISBN978-4-8163-6800-4　　　　　　　　　　　　　　　Printed in Japan